AF567738

Friesland

Land, Leute und Küche

Friesland
Land, Leute und Küche
tosa

Inhalt

Vorwort

Eine steife Brise, Nordseeidylle und malerische Landschaften – das ist Friesland wie es leibt und lebt. Während einem die salzige Luft um die Nase weht, kann man sich hier wunderbar entspannen und die Seele baumeln lassen. Doch Friesland hat weit mehr als Meer und Leuchttürme zu bieten. Wunderschöne Wanderwege und Radrouten eröffnen aktiven Besuchern einen Blick auf die faszinierende Natur des Nordens. Hier gibt es Moorgebiete, Marsch und Geest sowie das UNESCO-Weltnaturerbe Wattenmeer zu bestaunen. Die Nordseeküste beeindruckt mit endlos weiten Sandstränden und maritimem Flair. Wem das nicht reicht, der kann sich an beliebten Wassersportarten wie Kiten, Surfen oder Segeln versuchen. Mit idealen Windverhältnissen ist Friesland die perfekte Region für einen abenteuerlichen Tag auf dem Meer. Auch kulinarisch verfolgen die Friesen ein ganz eigenes Konzept. Bei der Nähe zur Nordsee ist es nur Konsequent, dass Fisch – ob Krabbencocktail, Kieler Sprotten oder Aalsuppe – einen Großteil der friesischen Küche ausmacht. Aber auch deftige Fleischgerichte, Mehlspeisen sowie Süßes kommen auf den Tisch. Die ein oder andere Zubereitungsart ist ebenso speziell wie die Mentalität ihrer Erfinder. Hinter der raubeinigen Fassade verstecken sich Menschen mit dem Herz am rechten Fleck und genauso ist es auch mit manchen Gerichten – man sollte ihnen trotz Skepsis eine Chance geben! Alles in allem vereint Friesland herrliche Natur mit authentischem Essen – ein Erlebnis für Körper und Seele.

Wenn nicht anders angegeben, sind sämtliche Rezepte in diesem Buch für 4 Personen berechnet.

Leuchtturm, Hornum

Das ist Friesland

Lage: Norddeutschland, Nordsee

Bevölkerungsdichte: ca. 160 Einwohner pro km²

Städte: Leer, Aurich, Wittmund, Emden, Wilhelmshaven, Butjadingen

Flüsse: Weser, Ems

Besonderheit: UNESCO-Welterbe Wattenmeer

So reden die Friesen

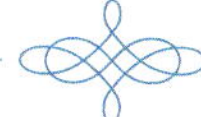

Den Gruß „Moin“ haben wir alle schon einmal gehört. Doch bedeutet der nicht, wie viele glauben, „guten Morgen“. Es ist die Abkürzung des Satzes „n mooien Dag wünsch ich di“ („einen schönen Tag wünsche ich dir“). Mittlerweile handelt es sich um eine allgemeingültige Begrüßung, die zu jeder Tageszeit verwendet werden kann.

Die Sprache der Friesen, oder auch Plattdeutsch, ist als Regional- und Minderheitensprache anerkannt und wird nicht, wie viele andere Volkssprachen, nur im allgemeinen Umgang miteinander verwendet, sondern auch im Berufsalltag.

Die Norddeutschen „snaken platt“ aus Überzeugung, weshalb sich das sprachliche Entgegenkommen der Friesen auch eher in Grenzen hält. Besuchern ist es deshalb anzuraten, sich mit einigen Begriffen vertraut zu machen.

Damit *Quiddjes* (Hochdeutsch Sprechende) in Friesland nicht ausschließlich Bahnhof verstehen, hier einige Vokabeln, die die Kommunikation mit den Friesen verständlicher macht:

Plattdeutsch	**Hochdeutsch**
Moin	Hallo/Guten Tag
Holl di munter	Auf Wiedersehen
Wo geit di dat?	Wie geht’s dir?
Mi geit dat good.	Mir geht’s gut?
Wo laat is dat?	Wie viel Uhr ist es?
Ik hebb di leev	Ich liebe dich
En Koppke Tee	Eine Tasse Tee
Sekenhuus	Krankenhaus
Giff mi Ruum	Würden Sie mit bitte Platz machen
snaken	reden, schwätzen
Kribbelwater	Mineralwasser
Kööm	Schnaps

Strand der friesischen Insel Sylt

Sport in Friesland

Im Allgemeinen sind die Friesen eher für ihre ruhige und besonnene Art bekannt, doch wenn es um Sportveranstaltungen geht, kommen sie so richtig aus sich heraus. Ob im Wasser oder an Land – wenn die Friesen ihre regionalen Sportarten ausüben, ist das immer ein großer Spaß für die ganze Familie. Entweder schaut man gespannt zu oder zeigt selbst, was man kann.

Boßeln

Das Boßeln ist DER Nationalsport in Ostfriesland und weist Parallelen zum allseits bekannten Kegeln auf. Eine Holz- oder Gummikugel wird mit ganzer Kraft über eine extra für das Spiel abgesperrte Straße geworfen. Kommt die Kugel zum Stehen, darf sie weitergeworfen werden. Erfahrene Boßler erreichen bei einem Wurf Strecken von bis zu 400 Metern. In Mannschaften von je fünf Spielern tritt man in 2,5-stündigen Wetterkämpfen gegeneinander an und wird von Zuschauern und Fans – den Käklern und Mäklern – angefeuert.

Klootschießen

Auch das Klootschießen lockt zahlreiche Käkler und Mäkler an den Ort des Geschehens. Beim Feldkampf auf einer überfrorenen Wiese wird eine Holzkugel von einem Absprungbrett aus in die Lüfte geschleudert, nachdem eine Trompete ertönt. Wer geübt ist, befördert die mit Blei ausgegossene Kugel über 100 Meter weit. Wessen Kugel weiter fliegt, der gewinnt. Ostfriesland und Oldenburg nutzen diese sportliche Tradition, um der Rivalität zwischen beiden Regionen auf spaßige Weise Ausdruck zu verleihen.

Schlickschlittenrennen

Eine weitere außergewöhnliche Sportart „made in Friesland“ ist das Schlickschlittenrennen. Wie der Name schon vermuten lässt, keine besonders saubere Sache. Jedes Jahr im Sommer treten die sogenannten Wattlethen mit ihren Schlickschlitten gegeneinander an, auf dass das schnellste Team gewinnt. Auch in Sachen B-Note legen sich die Sportler mit aufwendigen Kostümen so richtig ins Zeug. Ein schlammiger und bunter Spaß, dessen Einnahmen sozialen Projekten zugute kommt.

Paddstockspringen

Ein veraltetes Verkehrsmittel haben die Friesen einfach zu einem Sportgerät erklärt. Der Paddstock diente ursprünglich zum Überqueren eines wassergefüllten Grabens, ohne baden zu gehen. Heute überspringt man damit Hürden im Sand und es wirkt wie eine Kombination aus Weit- und Stabhochsprung.

Murmeln

Dass das Spielen mit Murmeln nicht nur etwas für Kinder ist, wird spätestens bei einem Besuch in Friesland klar. Hier lässt man die Murmel mit Leidenschaft kullern und zwar in der landeseigenen Murmelarena. Ein Highlight: die alljährlichen ostfriesischen Murmelmeisterschaften, welche dort ausgetragen werden.

Das Anbaden

Ein Sprung ins kalte Wasser – so begrüßt man in Friesland das neue Jahr. Auch die Badesaison wird traditionell mit einem Anbaden in der Nordsee gefeiert. Wie bei den anderen Sportspektakeln, versammeln sich auch hier wieder viele Zuschauer am Strand, um die schwimmende Meute anzufeuern.

Friesische Schafweide

Darüber lachen die Friesen

Dass die Norddeutschen einen ganz eigenen Humor haben, ist bekannt. Insbesondere der Ostfriesenwitz, bei dem die Eigenheiten der Nordlichter verulkt werden, ist jedermann ein Begriff. Die Friesen nehmen es gelassen und können auch über sich selbst lachen. Diese Art der ***Dööntjes*** (Witze) geht auf Sticheleien zwischen einem Gymnasium in Ammerland und den Ostfriesen zurück. Ende der 60er-Jahre hat ein Schüler des besagten Gymnasiums diese Sticheleien in Form der ersten Ostfriesenwitze in der Schülerzeitung veröffentlicht. Dies kam gut an und eine regelrechte Witzewelle entwickelte sich. Es dauerte nicht lange, bis das Phänomen durch die Medien in ganz Deutschland bekannt wurde. Auch berühmte Comedians wie Otto Waalkes, Mike Krüger und Karl Dall machten mit den Klischees über die Ostfriesen mächtig Karriere und bescherten dem Ostfriesenwitz damit eine unglaublich große Popularität.

Er beherrscht den Ostfriesenwitz wie kein Zweiter – Otto Waalkes.

Mike Krügers Hit „Der Nippel" war auf Platz 2 der deutschen Charts.

Hier einige Beispiele zum Schmunzeln:

Warum nehmen ostfriesische Seeleute immer ein Messer mit auf See?

Damit sie besser in See stechen können.

Wie tragen zwei Ostfriesen einen Kleiderschrank?

Der eine trägt den Schrank, der andere sitzt drin und hält die Kleiderbügel fest.

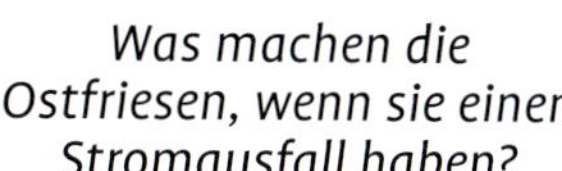

Was machen die Ostfriesen, wenn sie einen Stromausfall haben?

Dann gehen sie an den Strand und holen sich ein paar Kilo Watt.

Zwei Ostfriesen unterhalten sich. „Pass auf", sagt der eine, „ich habe hier Geld in der Hand, wenn du errätst wie viel, gehören die zwei Euro dir!" „Ach", sagt der andere, „wozu soll ich mir wegen lumpiger zwei Euro den Kopf zerbrechen!"

Was passiert, wenn der Ostfriese sieht, dass sein Boot ein Loch hat?

Er bohrt ein zweites, damit das ganze Wasser auch wieder ablaufen kann.

Eine ostfriesische Mine stürzt ein. Retter: „Hören Sie mich?" Verunglückter: „Nein, ich kann Sie nicht hören! Es ist zu dunkel hier drin!"

Leuchtturm Westerheversand

Sagen und Legenden aus dem hohen Norden

Um Friesland ranken sich eine Menge Geschichten. Bis heute erzählt man sich im hohen Norden die Sagen und Legenden vergangener Tage – darunter spannende Überlieferungen zu ehemaligen Persönlichkeiten der Region, Hintergründe zu historischen Bauten und teuflische Märchen. Bei Führungen werden Besucher an die Orte des Geschehens mitgenommen und unternehmen mit Erzählern eine kleine Zeitreise in die Vergangenheit Frieslands. Häufig tragen die Gästeführer dabei auch historische Kostüme und schlüpfen in die Rollen bestimmter Persönlichkeiten.

Die folgenden Sagen und Legenden sind nur eine kleine Auswahl aus der Vielzahl von Überlieferungen:

Das versunkene Dorf

Im 18. Jahrhundert hatte sich Itzendorf als Zentrum der ostfriesischen Torfsalzgewinnung einen Namen gemacht. Doch sorgte die stetige Gewinnung des Friesensalzes für ein abgesenktes Deichvorland. 1717 wurde genau das dem Küstenort zum Verhängnis, als bei einer Sturmflut die Deiche nach und nach brachen und alles von den Wassermassen verschlungen wurde. Itzendorf war nicht zu retten. Heute erinnert nur noch eine Sandbank an den ehemaligen Küstenort in Ostfriesland. Seeleute behaupten, wenn man ganz genau hinhöre, könne man in stürmischen Nächten noch heute das Geläut der Kirchenglocken von Itzendorf hören.

Lili Marleen

Lili Marleen sollte den meisten als Protagonistin des gleichnamigen Soldatenliedes ein Begriff sein. Dieses handelt von der Liebesgeschichte zweier Menschen zur Zeit des Ersten Weltkrieges. Ihre Hoffnung, sich am Ende des Krieges an einem verabredeten Treffpunkt wieder in die Arme zu schließen, hält die beiden aufrecht. Ob diese wundervoll-romantische Geschichte tatsächlich auf einer wahren Begebenheit beruht oder sie lediglich in den Zeilen des Soldatenliedes existiert, finden Besucher und Einheimische in Groothusen heraus. Hier erfährt man die Wahrheit, die bisher im Vorborgenen lag.

Höllisches Hollen

In Hollen treibt der Teufel sein Unwesen – zumindest, wenn man der Legende Glauben schenken darf. Es soll dort vor langer Zeit einen Bauern gegeben haben, der aufgrund seiner erfolgreichen Ernte den Neid seines Nachbarn auf sich zog. Dieser schmiedete in seiner Missgunst einen perfiden Plan, um sich das Hab und Gut des Bauern unter den Nagel zu reißen. Er verkleidete sich als Teufel, schlich sich bei Nacht in das Haus des Bauern und jagte diesem einem gehörigen Schrecken ein. Auf diese Weise wollte er ihn vertreiben. In der nächsten Nacht kehrte der neidische Nachbar wieder und versetzte den Bauern erneut in Angst. Doch in der dritten Nacht soll ihm der wahre Fürst der Finsternis erschienen sein und bestrafte ihn für seine sündige Tat. Er trat ihm auf dem Fuß, weshalb er seit dieser Nacht humpelte. All seine Nachfahren soll man daran erkannt haben, dass sich eine Art Teufelshuf auf ihrem Fuß abzeichnete.

Kaiser-Wilhelm-Brücke, Wilhelmshaven

Frieslands Inseln und Städte

Auch wer reif für die Insel ist, hat in Friesland eine Menge Auswahlmöglichkeiten, dem Alltag zu entfliehen. Die idyllischen Naturlandschaften zwischen Moor, Marsch und Geest und Wattenmeer laden Einheimische wie Urlauber zum Entspannen ein. Doch auch einige Städte Frieslands haben allerhand zu bieten.

Bei Thalasso-Anwendungen kann man entspannt die Abwehr stärken – und das mit der Kraft des Meeres.

Wangerooge

Auf der östlichsten Insel Frieslands kann man in allererster Linie absolute Ruhe genießen. Darüber hinaus kann man im Wattenmeer Seehunde beobachten, mit nackten Füßen durch feinen Sand wandern und in den malerischen Dünen einen Seelenpfad begehen. Der 900 Meter breite Strand lädt zusätzlich zum Spazieren ein und das Freizeitbad Oase lässt mit einer Riesenrutsche von 70 Metern die Augen von großen und kleinen Kindern leuchten. Außerdem kann man sich auf Wangerooge Thalasso-Anwendungen unterziehen, wie zum Beispiel Meerwasser-Inhalationen oder Schlammpackungen. Des Weiteren gibt es hier gleich drei Leuchttürme zu besichtigen. In einem von ihnen ist sogar ein Inselmuseum beheimatet.

Wangerooge

Am Hooksieler Strand findet man ideale Voraussetzungen zum Segeln, Surfen oder Wasserski fahren.

Wangerland

Bei unberührter Natur, endlosen Stränden und einem großen Aktivitätsangebot lohnt sich ein Besuch einer der größten Urlaubsregionen an der niedersächsischen Nordsee allemal. Besonders beliebt ist auch der Badeort Minsen, der sich durch eine malerische Kulisse aus Klinkerbauten auszeichnet. Im dortigen Nationalparkhaus warten Aquarien und spannende Infos über das Wattenmeer. Auch einer der ältesten und größten Campingplätze Deutschlands befindet sich in Wangerland. Im nahegelegenen Küstenbadeort Hooksiel kommen Wassersportler in jedem Fall auf ihre Kosten.

Jever

Die Heimat des friesisch-herben Bieres besticht durch die spannende Mischung aus Natur, Kultur und Industrie. Größter Anziehungspunkt für Touristen und auch Wahrzeichen der Stadt ist – wie soll es auch anders sein? – die Brauerei in Jever. Ein weiterer Mittelpunkt der Stadt ist das hiesige Schloss, in welchem sich das Museum für Regionalkultur befindet. Darüber hinaus bietet Jever neben dem Brauereihoffest und dem Altstadtfest das gesamte Jahr über unterschiedlichste Veranstaltungen an. Langweilig wird es hier nicht!

Die traditionelle Bierbrauerei bietet regelmäßig Führungen an, bei denen man viel Interessantes über die Bierproduktion erfährt. Eine kleine Verkostung ist natürlich inklusive.

Amtsgericht Varel

Die friesische Esskultur

Markt und Meer

Was die friesische Küche ausmacht, ist definitiv der unkomplizierte Umgang mit Speisen. Mit wenig Aufwand werden in kürzester Zeit leckere Gerichte gezaubert. Auf Frische und regionale Zutaten legen die Friesen dabei viel Wert. So kommen die Zutaten für die köstlichen Spezialitäten, wie Greetsieler Krabbensuppe oder Friesenkuchen, entweder vom Wochenmarkt oder frisch aus der Nordsee – ein Fest für Feinschmecker!

Frisch vom Stand

Ob frisches Obst, Gemüse oder regionale Spezialitäten – auf den vielen Wochenmärkten in Friesland gibt es eine reiche Auswahl an Zutaten für leckere Gerichte. Darüber hinaus bieten auch unzählige Landwirtschaftsbetriebe ihre Erzeugnisse in Hofläden zum Verkauf an. Auf diese Weise sind Fleisch, Gemüse und Obst direkt vom Erzeuger zu bekommen – besser geht es ja gar nicht!

Vom Meer auf den Tisch

Fisch und Meeresfrüchte können in Friesland fangfrisch vom Kutter erworben werden. Zwar gibt es verschiedene Möglichkeiten, an die Meeresleckereien zu kommen – meist aber kauft man direkt an einem nahe gelegenen Hafen. Ganz hoch im Kurs stehen Nordseekrabben, Hering und Scholle.

Was wäre Friesland ohne Tee?

Undenkbar! Besucht man die Friesen, kommt man an deren Nationalgetränk eigentlich nicht vorbei. In einer Vielzahl an Teestuben kann man sich die berühmte Ostfriesenmischung schmecken lassen. Wie diese zubereitet wird, davon haben die Weltmeister im Teetrinken eine

ganz klare Vorstellung: Zunächst kommt der ***Kluntje*** (Kandiszucker) in die Tasse, welcher mit dem frisch aufgebrühten Schwarztee übergossen wird, was den Kandis zum Knistern bringt. Zu guter Letzt wird mit einer Kelle ein wenig süße Sahne hinzugegossen, bis die sogenannte ***Wulkje*** (Sahnewolke) entsteht. Schlürfen ist übrigens ausdrücklich erlaubt, während das Umrühren eher verpönt ist. Die leckere Teespezialität soll bewusst in Schichten genossen werden: erst die Sahne, dann der Schwarztee und am Ende der süße Kandis. Der Löffel hat jedoch eine ganz andere Funktion. Stellt man ihn in die leergeschlürfte Tasse, signalisiert man damit, dass man keinen weiteren Tee trinken möchte – ansonsten wird in Friesland unaufgefordert nachgeschenkt. Wer mehr über den Ostfriesentee und seine Tradition erfahren möchte, kann dem Bünting Teemuseum in Leer oder dem Ostfriesischen Teemuseum in Norden einen Besuch abstatten. Neben der spannenden Geschichte des Tees gibt es authentische Teezeremonien und Kostproben obendrauf. Ein absolutes Muss für Teeliebhaber.

Hau wech die Sch…

Nicht erst die Kult- und Comicfigur Werner Beinhart hat gezeigt, dass bei den Norddeutschen auch Bier ***(Bölkstoff)*** hoch im Kurs steht. Zu einem deftigen Essen genehmigen sich die Friesen gerne einen süffigen Gerstensaft, meist in der Verbindung mit einem Verdauungsschnäpschen. Mit zahlreichen Brauereien wartet Friesland mit einem großen Angebot an verschiedensten Bieren auf. Die wohl berühmteste Biermanufaktur ist jedoch das Brauhaus zu Jever. Hier kann man während einer Brauereiführung alles über die Bierkultur Frieslands erfahren und ein Schlückchen zum Probieren gibt es auch.

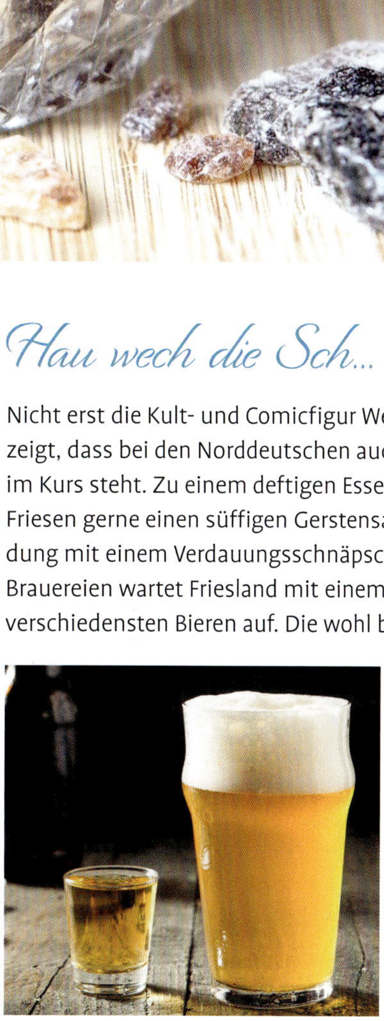

Na dann, Prost!

Altstadt von Husum

Aal in weißer Soße

Die klassische Mehlschwitze wird in Friesland gerne zum Verfeinern von Fischgerichten verwendet – mit Kräutern und einem Schuss Weißwein rundet sie das Gericht geschmacklich perfekt ab.

Zutaten

1 kg Aal
65 ml Essig
1 Zwiebel
1 Lorbeerblatt
5 Pfefferkörner
etwas Zucker
30 g Fett
30 g Mehl
500 ml Fischsud
etwas Weißwein
reichlich gehackter Dill
½ TL Salz

Zubereitung

1 Den Aal mit einem Bindfaden, der um den Kopf gewickelt ist, aufhängen. Danach die Haut unterhalb des Kopfes mit einem Messer rundherum einschneiden, etwas ablösen und mit einem Ruck nach unten abziehen. Dann das Genick durchschneiden und den Körper kräftig nach unten ziehen, sodass Kopf und Eingeweide am Bindfaden hängen bleiben. Die Schwanzspitzen entfernen und den Fisch in Portionsstücke teilen.

2 Die Zwiebel abziehen und in Ringe schneiden. 500 ml Salzwasser mit dem Essig, der Zwiebel, dem Lorbeerblatt sowie den Pfefferkörnern und etwas Zucker aufsetzen und den Aal darin 20 Minuten garen lassen.

3 Für die Soße eine Mehlschwitze wie unten gezeigt herstellen. Mit Weißwein abschmecken und mit reichlich gehacktem Dill bestreuen.

4 Den Aal in der Soße anrichten und mit Salzkartoffeln servieren.

a.

b.

c.

Bild a: In einem Topf die Butter erhitzen.
Bild b: Das Mehl hinzufügen und mit einem Kochlöffel unter Rühren anschwitzen, bis es andickt.
Bild c: Unter ständigem Weiterrühren so viel Fischsud untermischen, bis eine sämige Soße entstanden ist.

Bismarck-Frühstück

Fürst Otto von Bismarck aß für sein Leben gerne Kiebitzeier zum Frühstück. Als die „Getreuen aus Jever" das erfuhren, schickten sie dem „Eisernen Kanzler" 1871 zu seinem Geburtstag 101 Kiebitzeier. Dies wurde von da an zu einer jährlichen Tradition, für die sich der Reichskanzler mit einem großen Silberpokal revanchierte.

Zutaten für 2 Personen

250 g frische Champignons
6 EL Fleischbrühe
2 EL Madeira
4 Eier
2 EL Butter
Salz

Zubereitung

1 Die Champignons mit einem Küchenpinsel säubern. Nicht waschen, da sie sich schnell mit Wasser vollsaugen und an Geschmack verlieren! Die Stielenden entfernen und die Pilze in Scheiben schneiden. Die Pilzscheiben in Fleischbrühe und Madeira weich garen und beiseite stellen.

2 Die Eier mit Salz gut verquirlen und in zerlassener Butter zu einem lockeren Rührei verarbeiten. Das Ei mit den vorbereiteten Pilzen servieren.

Da Kiebitzeier nicht mehr gesammelt werden dürfen, bereitet man dieses Frühstück heute mit Hühnereiern zu.

Der Bestand der Kiebitze ist global bedroht und seit 2015 stehen sie auf der roten Liste für bedrohte Tierarten.

Husumer Krabbencocktail

Schnell zubereitet, ist der fruchtige Krabbencocktail immer etwas ganz Besonderes! Er ist eine ideale Vorspeise oder auch ein feiner Partysnack.

Zutaten

125 g Mayonnaise
1 EL Tomatenketchup
1 Spritzer Worcestersauce
etwas Zitronensaft
250 g Krabbenfleisch
12 halbierte, gefüllte Oliven
1 gewürfelte Banane
einige Stiele Petersilie
Salz
Pfeffer

Zubereitung

1 Die Mayonnaise mit dem Tomatenketchup und der Worcestersauce vermischen und nach Geschmack mit Zitronensaft, Salz und Pfeffer abschmecken.

2 Das Krabbenfleisch abspülen und abtropfen lassen.

3 Die Oliven und die Bananen in kleine Stücke schneiden, danach alles vorsichtig miteinander vermengen und in hohe Gläser füllen.

4 Zum Schluss die Petersilie waschen, trocken schütteln, fein hacken und den Krabbencocktail damit bestreuen.

Die größte und bekannteste Delikatesse im Norden sind die Krabben. Früher mussten die rotgebrühten Köstlichkeiten möglichst schnell an den Käufer gebracht werden, doch seit der Jahrhundertwende ist ihre Konservierung möglich. Dennoch schmecken sie natürlich frisch am besten. In Husum, ihrer Hochburg, nennt man sie übrigens Porren.

Krabbenhäppchen

Als Hors d'œuvres lassen sich die Friesen ihr Krabbenfleisch auch gerne schmecken. Direkt vom Kutter gekauft, sind die kleinen Appetitanreger am leckersten.

Zutaten

4 halbe Weißbrotscheiben
20 g Butter
4 Salatblätter
4 halbe Räucherforellenfilets
100 g Mayonnaise
2 EL Joghurt
1 EL Kerbel oder gehackte Petersilie
125 g Krabbenfleisch
2 gekochte Eier
4 Radieschen
Salz
Pfeffer

Zubereitung

1 Die Weißbrotscheiben toasten, mit Butter bestreichen und je mit einem Salatblatt und einem halben Forellenfilet belegen.

2 Die Mayonnaise mit dem Joghurt verrühren, mit Kerbel, Salz und Pfeffer würzen und über die Forellenfilets streichen.

3 Das Krabbenfleisch abspülen, abtropfen lassen und anschließend auf die Häppchen geben.

4 Die gekochten Eier in Scheiben schneiden und mit diesen und den Radieschen die Häppchen garnieren.

Wer sich neben der klassischen Zubereitungsart auch gerne an einer modernen Variante versuchen möchte, kann die Toastscheiben mit Avocadocreme bestreichen. Hierfür das Fleisch einer reifen Avocado mit einer Gabel zerdrücken und mit Salz, Pfeffer und Limettensaft verrühren. Danach die bestrichenen Toastscheiben mit Krabben belegen und das Ganze mit Röstzwiebeln garnieren. Die gekochten Eier können nach Geschmack ergänzt werden. Auf die Räucherforellenfilets wird bei dieser Variante allerdings verzichtet.

Matjesfilet mit Pellkartoffeln

Zutaten

2 Zwiebeln
1 Apfel
2 Gewürzgurken
8 Matjesfilets
200 ml Sahne
1 Prise Zucker
1 Prise Pfeffer
Kartoffeln nach Bedarf

Zubereitung

1 Die Zwiebeln abziehen und in Ringe schneiden. Den Apfel waschen, entkernen und klein schneiden. Die Gewürzgurken würfeln und alles zusammen mit den Filets in eine Schale geben.

2 Die Sahne mit Zucker und Pfeffer verrühren und über die Masse aus Zwiebeln, Apfel, Gurken und Matjes geben.

3 Die Kartoffeln waschen und gar kochen, pellen und diese zusammen mit den eingelegten Matjesfilets anrichten.

Der Matjes sollte stets besonders zart und mild gesalzen sein. Probieren Sie ihn am besten vor der Verarbeitung und wässern Sie ihn, wenn nötig für ein paar Stunden, um das Salz zu neutralisieren.

Matjesfilet auf Apfelringen

Zutaten

2 große Äpfel
1 TL Zitronensaft
250 ml süße Sahne
1–2 EL Meerrettich (möglichst frisch gerieben)
1 Prise Zucker
8 Matjesfilets
1 EL Preiselbeeren
1 TL feingehackter Dill

Zubereitung

1 Die Äpfel waschen, schälen, vom Kerngehäuse befreien und in je 4 Scheiben schneiden, die mit Zitronensaft beträufelt werden.

2 Die Sahne steif schlagen, mit dem Meerrettich und dem Zucker verrühren. Je ein Filet zusammengerollt auf je einen Apfelring setzen und mit der Meerrettichsahne füllen. Zum Schluss mit den Preiselbeeren und dem Dill garnieren.

Miesmuscheln nach friesischer Art

Die Miesmuschel wird auch als „Auster des kleinen Mannes“ bezeichnet. Besonders gut gedeiht sie in Muschelkulturen an Holzpflöcken.

Zutaten

3 kg Miesmuscheln
1 Bund Suppengrün
(Lauch, Sellerie, Möhre, Petersilie)
40 g Butter
2–3 Zwiebeln
10 Pfefferkörner
1 großes Glas Weißwein
1 Prise Salz

Zubereitung

1 Die Muscheln unter kaltem, fließendem Wasser gründlich waschen und bürsten.

2 Das Suppengrün waschen, putzen und klein schneiden. Die Zwiebeln abziehen und in Ringe schneiden.

3 Die Butter in einem Topf schmelzen und dann das Suppengemüse und die Zwiebelringe darin anbraten. Dann die Pfefferkörner, das Salz und den Weißwein hinzufügen und das Ganze 10–15 Minuten kochen.

4 Die Muscheln zum Sud hinzufügen, mit Wasser bedecken und 6 Minuten bei starker Hitze kochen. Die Muscheln mit einer Kelle herausnehmen und heiß servieren.

In Friesland reicht man gerne gebuttertes Schwarzbrot zu den Muscheln.

Muscheln, die nach dem Kochen noch geschlossen sind, sollte man auf keinen Fall verzehren. Sie könnten verdorben sein!

WATTENLÄUPER
35 VOL.%

Hamburger Aalsuppe

Ein Traditionsgericht mit frischem Fisch und Kräutern, das die typisch norddeutsche Geschmackskombination „süß-sauer“ auf köstliche Weise vereint.

Zutaten

Knochen von einem rohen Schinken
1 Bund Suppengrün
1 Zwiebel
100 g Dörrpflaumen
200 g kleine Birnen
Mehl
250 g grüner, abgezogener und entgräteter Aal (oder Räucheraal)
frische Kräuter (Petersilie, Majoran, Salbei, Rosmarin, Basilikum und Thymian)
1 Prise Salz
1 Prise Zucker
1 Schuss Weinessig
kleine Fleischklößchen (fertig gekauft)

Zubereitung

1 Zunächst die Schinkenknochen (alternativ: Markknochen, Rindfleisch- oder Lammreste) mit 1 ½ l Wasser aufsetzen und 3 Stunden sanft köcheln lassen. Danach die Brühe durchseihen.

2 Das Suppengrün waschen, putzen und klein schneiden. Die Zwiebel abziehen und grob hacken. Alles in der Brühe garziehen lassen. Die Dörrpflaumen und die Birnen in einem anderen Topf weich kochen und dazugeben. Anschließend das Ganze mit etwas Mehl binden.

3 Zum Schluss den Aal in Stücke teilen und die Kräuter waschen, trocken schütteln und fein hacken. Den Aal und die Kräuter der Suppe hinzufügen, weitere 10 Minuten kochen lassen und mit Salz, Zucker und Essig abschmecken. In den letzten 4 Minuten die Fleischklößchen zugeben und in der Suppe warm werden lassen. Die Hamburger Aalsuppe sollte sehr heiß serviert und gegessen werden.

Was die Hamburger Aalsuppe ausmacht, ist die Mischung aus süßen und sauren Zutaten. Insbesondere getrocknete Früchte geben der Suppe ihren unvergleichlichen Geschmack. Probieren Sie doch einmal eine Variante mit Backobst.

Apfelfleisch

Die Verbindung von Obst und Fleisch ist eine besondere norddeutsche Eigenart und sorgt für einen süß-säuerlichen Geschmack, der typisch für die friesische Küche ist.

Zutaten

500 g durchwachsenes Suppenfleisch
50 g Butter
250 ml Fleischbrühe
1 Zwiebel
1 kg Äpfel
Zucker
Salz

Zubereitung

1 Das Suppenfleisch weich kochen und in kleine Würfel schneiden. In einem Schmortopf die Butter zerlassen und das Fleisch hineingeben.

2 Die Zwiebel abziehen und klein schneiden. Die Äpfel schälen, vom Kerngehäuse befreien und in Achtel schneiden. Die Zwiebel- und Apfelstücke mit der Fleischbrühe in den Schmortopf geben.

3 Alles mit Zucker und Salz abschmecken und bei geringer Hitze kurz durchschmoren lassen. Dazu werden Salzkartoffeln gereicht.

Mit der Wahl des richtigen Apfels können Sie diesem Gericht noch die Krone aufsetzen: Insbesondere Cox-Orange, Golden Delicious oder Gala passen ideal zu Fleischgerichten.

Biersuppe mit Brot

Die Biersuppe ist ein uraltes friesisches Gericht, das schon vor über 200 Jahren gekocht wurde, als man das Bier teilweise noch selbst braute. Biersuppe wurde bei den Bauern schon früh morgens gegessen. Insbesondere bei kaltem Wetter und nach getaner Arbeit war sie ein ideales Stärkungsmittel.

Zutaten

2 l Braunbier (dunkles Bier)
250 g helles Weizenmischbrot
1 Ei
Zucker nach Geschmack
1 Prise Salz

Zubereitung

1 Das Bier in eine Schüssel füllen, das Brot dazugeben und einweichen lassen. Das Ganze zum Kochen aufsetzen und solange aufkochen, bis sich das Brot verrühren lässt. Danach vom Feuer nehmen, durch ein Sieb passieren und erneut erhitzen.

2 Das Ei aufschlagen, mit dem Zucker verrühren und in die Biersuppe geben. Zu Schluss noch mit Salz und eventuell Zucker abschmecken.

In Friesland gehört ein kühles Bier zu einer zünftigen Mahlzeit dazu. Insbesondere herbe Sorten sind hier sehr beliebt.

Ostfriesischer Bohneneintopf

Ein für Friesland typisches deftiges Gericht, jedoch nicht zu verwechseln mit der ostfriesischen *Bohntjesopp*, einem Branntwein, der traditionell vor Geburt eines Ostfriesenkindes angesetzt wird. Am Tag des glücklichen Ereignisses wird dann mit Familie und Freunden angestoßen.

Zutaten

1 kg grüne Bohnen
500 g Kartoffeln
375 g magerer Bauchspeck oder Schweinerippen
40 g Butter
Muskat nach Geschmack
1 Prise Salz

Zubereitung

1 Alle Zutaten werden in einen großen Topf gegeben und eine gute Stunde gegart.

2 Den Bauchspeck oder die Rippchen auf einer Platte anrichten und warm halten.

3 Die Bohnen und die Kartoffeln stampfen, abschmecken und in eine Schüssel geben. Dazu schmeckt ein würziges Bier.

Eintopfgerichte erfreuen sich heute wachsender Beliebtheit – sie gelten schon lange nicht mehr als „Arme-Leute-Essen" und munden, wenn sie pikant und mit ein wenig Fantasie angemacht sind, vortrefflich. In einigen Teilen Ostfrieslands werden zu diesem Gericht auch eingelegte Matjesheringe oder sogar Apfelmus serviert. Auch wenn das vielleicht nicht jedermanns Geschmack trifft, sollte man es trotzdem einmal versuchen.

Buttermilchsuppe

Ein altes, einfaches und immer noch beliebtes Gericht im Norden Deutschlands. Früher ein Arme-Leute-Essen, ist die Buttermilchsuppe heute insbesondere eine erfrischende Zwischenmahlzeit oder Vorspeise für die Sommermonate.

Zutaten für 6 Personen

500 g Graupen
4 l Buttermilch
750 g Speck
3–4 Eier
1 Prise Zucker
1 Prise Salz

Zubereitung

1 Die Graupen über Nacht in 1 ½ Liter Wasser einweichen lassen. Am nächsten Tag die Graupen im Einweichwasser ca. 30 Minuten aufkochen, dann die Buttermilch und den Speck hinzugeben und das Ganze 2–3 Stunden weiterkochen lassen. Anschließend den Speck herausnehmen, in Streifen schneiden und beiseite stellen.

2 Die Eier mit dem Zucker aufschlagen und mit einem Schneebesen gut unter die leicht abgekühlte Suppe rühren (legieren).

3 In den meisten Fällen ist die Suppe vom Speck salzig genug, wenn nicht, muss noch etwas Salz hinzugefügt werden. Sollte die Suppe zu dick sein, kann man noch etwas Wasser hineinrühren.

4 Beim Anrichten können die Speckstreifen entweder direkt in die Suppe gegeben oder gesondert serviert werden. Beides hat seinen Reiz.

Graupen feiern langsam ihr Comeback. Die geschälten, polierten Gersten- oder Weizenkörner sind u.a. ein adäquater Ersatz für Reis, schmecken hervorragend als Salat und auch für die Zubereitung von Süßspeisen sind sie ideal.

Fliederbeersuppe mit Grießklößchen

Diese Fruchtsuppe lässt sich als Vorspeise, aber auch als Nachtisch reichen. An heißen Sommertagen ist sie sogar eine erfrischende Hauptspeise, die neue Energie gibt.

Zutaten

500 g Fliederbeeren (Holunderbeeren)
250 g Äpfel
10–15 g Stärkemehl
Zucker
Saft von ½ Zitrone

Für die Grießklößchen:
250 ml Milch
30 g Butter
1 Prise Salz
20 g Zucker
125 g Grieß
2 Eier

Zubereitung

1 Die Fliederbeeren in 1 ½ l Wasser kochen und dann durchsieben. Die Äpfel waschen, schälen, achteln und entkernen. Danach ca. 5 Minuten im Fliederbeerensud garen. Mit dem Mehl die Suppe binden. Je nach Geschmack mit Zucker süßen und mit dem Zitronensaft abschmecken.

2 Für die Grießklößchen die Milch aufkochen sowie die Butter und das Salz hinzugeben. Den Zucker und den Grieß einstreuen und verrühren, bis sich ein Kloß bildet, der sich vom Topfboden löst. Die Eier nacheinander unterrühren und erkalten lassen. Dann die Klöße abstechen und in der Suppe 15 Minuten garziehen lassen.

Auch der Norden hat sonnenreiche und milde Sommer, in denen die Holunderbeeren reifen. Es ist zwar mühsam, die schwarzlila Beeren von den Stielen zu zupfen, aber die Arbeit lohnt sich.

Frische Suppe

… mit Grießklößchen

Zutaten

500 g Markknochen
1 kg Suppenfleisch
1 Bund Suppengrün
1 Prise Salz

Zubereitung

1 Die Markknochen und das Suppenfleisch in 2 Liter kaltes Wasser geben. Das Ganze 1 ½ Stunden kochen.

2 Das Suppengemüse waschen, putzen, zerkleinern und zusammen mit dem Suppenfleisch eine weitere Stunde kochen. Mit Salz abschmecken und durchsieben.

3 Die Suppe mit Grießklößchen (Rezept Seite 54) servieren.

… mit Fleischklößchen

Zutaten

1 Zwiebel
200 g Rinderhack
1 Ei
½ eingeweichtes Brötchen
Salz
Pfeffer

Zubereitung

1 Die Zwiebel abziehen und auf einer Reibe fein reiben.

2 Alle Zutaten miteinander verkneten und aus der Masse kleine runde Klößchen formen. Dann 10 Minuten in der Brühe garziehen lassen und servieren.

… mit Eierstich

Zutaten

2 Eier
50 ml Wasser
50 ml Milch
½ TL Salz

Zubereitung

1 Alles verquirlen und in eine ausgebutterte Form oder Schüssel geben. Im heißen Wasserbad 30–40 Minuten stocken (gerinnen) lassen.

2 Aus der Form stürzen, in Würfel schneiden und in der Suppe servieren.

... mit Fleischklößchen
... mit Grießklößchen
... mit Eierstich

Grau Arten mit Speckfett

Dieses deftige Erbsengericht ist äußerst gehaltvoll und sättigend – und somit genau das Richtige an kalten Wintertagen.

Zutaten

250 g graue Erbsen
3 Möhren
1 große Stange Porree
250 g durchwachsener Speck
50 g Butter
250 g Zwiebeln
1 Prise Salz

Zubereitung

1 Die Erbsen über Nacht einweichen. Die Möhren waschen, schälen und in Stifte schneiden. Den Porree gründlich putzen, waschen und in Ringe schneiden. Erbsen, Möhren und Porree anschließend mit 500 ml Wasser sowie dem Salz zum Kochen bringen. Dann alles ca. 2 Stunden bei niedriger Temperatur weiterkochen lassen, damit die Erbsen nicht platzen.

2 Den Speck in kleine Würfel schneiden und in einer Pfanne ausbraten. Die Zwiebel schälen, in dünne Scheiben schneiden, dem Speck hinzufügen und das Ganze warm stellen.

3 Wenn die Erbsen mit dem anderen Gemüse gar sind, den Speck darüberlegen. Als Beilage eignen sich eingelegte Essiggurken oder gekochte Birnen und Salzkartoffeln.

Eigentlich isst man heute nicht mehr so fett, wie in diesem Rezept angegeben. Doch ist dieses ausgesprochen mächtige Gericht so lecker, dass man es zumindest probieren sollte. Anschließend kann man den üppigen Genuss mit einer gesunden und ausgewogenen Ernährung ja wieder ausgleichen ...

Grünkohlsuppe

Ein echter Klassiker aus dem Norden, der am besten in doppelter Menge zubereitet wird – denn am nächsten Tag schmeckt er noch besser.

Zutaten

750 g durchwachsener Speck
1 kg Grünkohl
100 g eingeweichte Hafergrütze
Salz

Zubereitung

1 Den Speck in 2 ½ Liter Wasser geben und auf kleiner Flamme eine Stunde kochen.

2 Den Grünkohl putzen, hacken, zum Speck hinzugeben und alles eine weitere Stunde kochen. Mit Salz abschmecken.

3 Den Speck herausnehmen, in Würfel schneiden und wieder zur Brühe dazugeben. Vor dem Servieren die Hafergrütze unterrühren. Salzkartoffeln sind eine ideale Beilage.

Manchmal ist weniger mehr! Kochkunst muss nicht zwangsläufig mit vielen teuren Zutaten und Extravaganz gleichgesetzt werden. Auch mit geringen Mitteln lassen sich köstliche Speisen zubereiten, die mehr können, als nur den Hunger stillen. Vor allem bei Suppen sollte man darauf achten, dass das Wasser kaum sieden darf, damit sich die Aromen der verschiedenen Zutaten in Ruhe miteinander verbinden können.

Hammelfleisch mit Bohnen

Die Schafszucht ist in Friesland allgegenwärtig, weshalb nicht nur Lamm, sondern auch Hammel häufig auf der Speisekarte steht.

Zutaten

500 g Hammelfleisch
500 g Kartoffeln
1 kg Bohnen
Petersilie
1 Prise Muskat
Bohnenkraut
Salz
Pfeffer

Zubereitung

1 Das Hammelfleisch in einen großen Topf mit kochendem Wasser geben und so lange kochen, bis es gar ist.

2 Die Kartoffeln schälen, waschen und würfeln. Die Bohnen putzen, waschen und der Länge nach schneiden. Das Bohnenkraut und die Petersilie waschen, trocken schütteln und fein hacken.

3 20 Minuten vor Ende der Garzeit die Kartoffeln und die Bohnen zum Fleisch dazugeben.

4 Nach Ende der Kochzeit alles durch ein Sieb abgießen (dabei etwas von dem Kochwasser auffangen) und das Hammelfleisch in Würfel schneiden. Die Bohnen, die Kartoffeln und das Fleisch mit dem aufgefangenen Kochwasser in den Topf zurückgeben und nochmals kurz aufkochen lassen.

5 Mit dem feingehackten Bohnenkraut, Muskat, Salz und Pfeffer würzen und zum Schluss die feingehackte Petersilie darüberstreuen.

Die friesische Küche ist sehr gehaltvoll, so auch das Hammelfleisch mit Bohnen. Wer einem Völlegefühl vorbeugen und es den Friesen gleichtun möchte, genehmigt sich nach dem Essen einen Verdauungsschnaps. Im Norden ist das meist ein Gläschen Korn.

Greetsieler Krabbensuppe

Mit jedem Löffel ein Stück Nordseeküste schmecken – insbesondere mit fangfrischen Krabben vom Kutter!

Zutaten

750 g Kartoffeln
1 Bund Suppengrün
1 Prise Salz
1 EL gehackte Petersilie
40 g Butter oder 125 ml Sahne
125–200 g Speck
150–200 g frische Nordseekrabben

Zubereitung

1 Die Kartoffeln schälen, waschen und in kleine Stücke schneiden. Das Suppengrün putzen, waschen und klein schneiden.

2 Die Kartoffeln und das Suppengrün mit 1 ½ Liter Wasser zum Kochen aufsetzen und garen.

3 Danach alles durch ein Sieb streichen, mit Salz und Petersilie sowie der Butter bzw. der Sahne abschmecken.

4 Den Speck in Würfel schneiden, kurz anbraten und zum Schluss mit den Nordseekrabben der Suppe zufügen.

Greetsiel ist ein kleiner malerischer Krabbenhafen an der ostfriesischen Küste. 25 Krabbenkutter sind hier beheimatet. Kommen diese vom Fang zurück, kann man frisch gekochte Krabben direkt von Bord kaufen, die man noch selbst aus der Schale befreien muss. Zugegeben etwas aufwendig, aber das einzigartige Aroma belohnt für die Mühe.

Schnüsch

Das unter Feinschmeckern auch als „Quer-durch-den-Garten-Eintopf" bekannte Gericht wird bei den Friesen typischerweise im Sommer aufgetischt.

Zutaten

250 g Möhren
250 g Erbsen
250 g Brechbohnen
250 g Kartoffeln
500 ml Milch
50 g Butter
Zucker
1 Bund Petersilie
Salz

Zubereitung

1 Die Möhren putzen, waschen und in Scheiben schneiden. Dann die Erbsen palen, die Brechbohnen ebenfalls putzen, waschen und die Fäden abziehen. Das Gemüse in wenig Wasser nur kurze Zeit kochen.

2 Die Kartoffeln kochen, pellen und in Scheiben schneiden. Anschließend alles gut vermischen.

3 Die Milch aufkochen, die Butter hineingeben und beides über das mit Salz und Zucker abgeschmeckte Gemüse geben. Zum Schluss die Petersilie waschen, trocken schütteln und fein hacken. Vor dem Servieren den Schnüsch mit der Petersilie bestreuen.

Traditionell isst man von einem Holzteller etwas rohen Schinken oder geräucherten Speck zum Schnüsch. Besonders lecker wird es, wenn im Gemüsewasser eine Schweinebacke mitgekocht wird.

Es ist wichtig, die Bohnenfäden vor dem Kochen abzuziehen. Wer Zeit sparen möchte, kann diesen Schritt auch auslassen und stattdessen auf Tiefkühlbohnen zurückgreifen. Diese können direkt verarbeitet werden.

Seemuschelsuppe

Nicht nur pur, sondern auch als Suppeneinlage sind Muscheln eine Delikatesse, die mit dem Geschmack des Meeres auch etwas Fernweh auf den Tisch bringt.

Zutaten

500 g Seemuscheln
1 große Zwiebel
50 g Butter
1 Eigelb
4 Scheiben Weißbrot
Selleriesalz
Pfeffer

Zubereitung

1 Die Muscheln gut waschen und ca. 5 Minuten in 1 ½ Liter Wasser kochen.

2 Die Zwiebel abziehen, klein hacken und in der Hälfte der Butter braun anbraten.

3 Den Muschelsud durch ein Sieb gießen und den Zwiebeln hinzufügen. Dann leicht salzen und ca. 10 Minuten auf hoher Flamme kochen lassen.

4 Die Muscheln öffnen, die Schalen entfernen und das Fleisch in die Brühe geben.

5 Das Eigelb in die Suppe geben und unter kräftigem Rühren abbinden. Zum Schluss den Rest der Butter hinzugeben.

6 Mit Selleriesalz und Pfeffer abschmecken und die Suppe über die Weißbrotscheiben gießen, die vorher in eine Terrine gelegt werden.

a.

b.

c.

d.

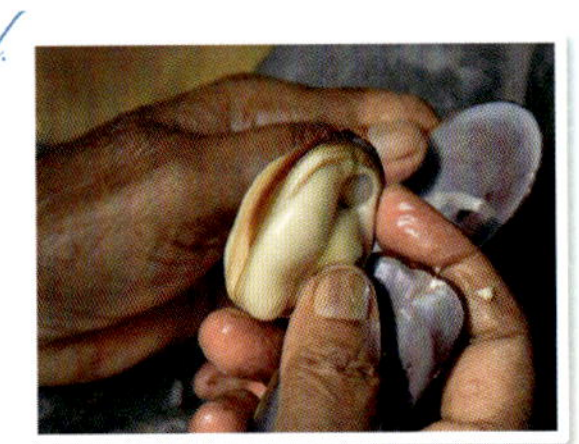

Bild a: Muscheln gründlich waschen und von Schmutz befreien.
Bild b: Anschließend die gesäuberten Muscheln für 5 Minuten in kochendem Wasser sieden lassen.
Bild c: Nun die gekochten Muscheln in ein Sieb abgießen und die schlechten Exemplare (deren Schale sich nicht geöffnet hat) aussortieren.
Bild d: Zum Schluss die Muscheln öffnen und das Fleisch von der Schale befreien.

MOSEL-SAAR-RUWER
1975er

Speck mit Klüten

Diese Spezialität genießen die Friesen auf ganz eigene Weise: Sie nehmen je ein Stück Schinken und ein Stück *Klüten* (Klöße) und tunken beides in das abgeschöpfte Fett!

Zutaten für 8 Personen

1 kg geräucherter Schinken mit Knochen
½ Steck- oder Kohlrübe
3–4 Möhren
10 Birnen
1 große Stange Lauch
500 g Kartoffeln

Zubereitung

1 Den Schinken am Vorabend in kaltes Wasser legen. Am nächsten Tag in frischem Wasser aufsetzen und ca. 2 Stunden mehr ziehen als kochen lassen.

2 Die Steckrübe und die Möhren putzen, schälen und in Scheiben schneiden. Die Birnen entstielen. Den Lauch putzen, waschen und in Ringe schneiden. Die Kartoffeln schälen, waschen und klein schneiden.

3 Die Steckrüben, die Möhren und die Birnen in das Kochwasser dazugeben und eine halbe Stunde später den Lauch und die Kartoffeln. Alles weichkochen lassen.

4 Den Schinken herausnehmen und in Scheiben schneiden. Die Brühe in eine Terrine abgießen, das Fett abschöpfen und in eine gesonderte Schüssel füllen.

Klüten

Zutaten

40 g Butter
400 g Mehl
Salz

Zubereitung

1 500 ml Wasser zum Kochen bringen, die Butter darin schmelzen, das Mehl und Salz hineingeben und alles zu einem nicht zu festen Brei verrühren. Mit nassen Händen Klöße daraus formen.

2 Die Klöße in heißem Wasser kochen, bis sie nach oben steigen.

3 In jeden Teller einen Kloß legen, etwas Gemüse hinzugeben und mit der Brühe übergießen. Zusammen mit einer Scheibe Schinken und dem Fett servieren.

Uppdrögt Bohnen

Dieses Gericht ist in der Vorbereitung etwas aufwändiger – Sie sollte es trotzdem probieren, denn es lohnt sich!

Zutaten

500 g getrocknete grüne Bohnen
500 g Kartoffeln
500–750 g durchwachsener Räucherspeck
saure Gurken
Salz

Zubereitung

1 Die getrockneten Bohnen in Stücke brechen und über Nacht einweichen.

2 Am nächsten Tag das Wasser abgießen und die Bohnen in 500 ml frischem Wasser ca. 20 Minuten kochen.

3 In der Zwischenzeit die Kartoffeln schälen und vierteln. Wenn die Bohnen gar sind, die Kartoffeln zugeben und weiterkochen lassen, bis auch die Kartoffeln gar sind. Danach den Topf vom Herd nehmen und alles gut durchstampfen.

4 Den Speck in Scheiben schneiden und in einer Pfanne auslassen, dann das ausgelassene Fett über den Bohneneintopf geben, nochmals durchrühren, mit Salz abschmecken. Den Speck und eventuell noch eine saure Gurke zum Essen reichen.

Für dieses ostfriesische Nationalgericht müssen Sie ein paar Vorbereitungen treffen: 500 g weichschalige Bohnen kaufen, diese von den Fäden befreien und auf ein sogenanntes „Bohnenband“ – einen dünnen Faden – ziehen. Die Bohnen hängt man dann zum Trocknen für mehrere Wochen auf den Dachboden oder in die Küche.

Friesische Weinsuppe

Ein besonders beliebtes Schmankerl zu fröhlichen Anlässen wie Geburt, Taufe oder Hochzeit, das oft bereits vormittags gereicht wurde und für gute Stimmung sorgte.

Zutaten

Schale einer unbehandelten Zitrone
45 g Stärkemehl
Zucker
500 ml Weißwein
2 Eigelb
2 Eiweiß
4 Scheiben Weißbrot
Butter
4 Scheiben gekochter Schinken

Zubereitung

1 1 ½ Wasser mit der Zitronenschale aufkochen. Anschließend mit dem Stärkemehl die Flüssigkeit binden und alles mit Zucker abschmecken. Dann den Wein zufügen und mit dem Eigelb die Suppe legieren.

2 Die Eiweiße zu Eischnee schlagen und mit einem Löffel Klößchen abstechen und auf die Suppe setzen.

3 Das Weißbrot mit Butter bestreichen und mit dem gekochten Schinken zu der Weinsuppe servieren.

Wenn früher Feste gefeiert wurden, quollen Haus und Scheune über vor Gästen. Um alle bewirten zu können, wurde oftmals der Garten zur Küche umfunktioniert. In eisernen Kesseln dampfte nicht selten die herzhafte Suppe über dem Feuer. Dass ab und an ein Gläschen Branntwein für den letzten Schliff sorgte, ist der Stimmung sicher nicht abträglich gewesen.

Heilbutt auf Westerländer Art

Dieser große Plattfisch ist eine Wohltat für den Gaumen – vor allem, wenn er *sutje*, also sachte, gekocht wird

Zutaten

1 kg Heilbutt
250 g Champignons
20 g Fett
20 g Mehl
250 ml Fischsud
40 g Fett zum Andünsten
50 g Paniermehl
20 g Butter

Zubereitung

1 Den Heilbutt säubern und in 750 ml Salzwasser 15 Minuten garen. Die Gräten und die dunkle Haut entfernen, den Fisch in gleichmäßige Stücke zerlegen und schuppenförmig in eine feuerfeste Form legen.

2 Die Champignons mit einem Küchenpinsel reinigen, vierteln und in 20 g Fett andünsten. Den Backofen auf 220 °C (Umluft 200 °C) vorheizen.

3 Das restliche Fett in eine Pfanne geben, mit etwas Mehl verrühren und den Fischsud dazugießen. Diese Tunke zusammen mit den Champignons über den Fisch gegeben. Das Ganze mit Paniermehl bestreuen und die Butter als Fettflöckchen daraufsetzen. Im vorgeheizten Backofen auf der unteren Schiene ca. 15 Minuten überbacken.

Der Heilbutt gehört zu den Delikatessen unter den Speisefischen. Besonders sein festes, weißes Fleisch überzeugt Fischfans immer wieder. Abgesehen von einem hervorragenden Geschmack enthält der Heilbutt viele wichtige Nährstoffe wie Omega-3-Fettsäuren, Jod, Selen und Eisen. Kalorienarm ist er obendrein – also unbedingt probieren!

Gebratene und eingelegte Heringe

Früher ein preiswertes Arme-Leute-Essen, ist dieser Leckerbissen mittlerweile zur teuren Delikatesse geworden.

Zutaten

1 kg Heringe
Mehl
Bratfett
250 ml Essig
2 Zwiebeln
Salz

Zubereitung

1 Die Heringe ausnehmen und schuppen (oder beim Fischhändler küchenfertig bestellen). Dann waschen, abtrocknen und je nach Geschmack mit Salz bestreuen. In einer Pfanne das Fett erhitzen. Die Heringe durch das Mehl ziehen und in das siedend heiße Fett geben. Von beiden Seiten je ca. 5 Minuten braun- und garbraten.

2 Für die Marinade die Zwiebeln abziehen und in Ringe schneiden. Zusammen mit 750 ml Wasser, dem Essig und 1 Teelöffel Salz verrühren.

3 Die abgekühlten Fische in eine Steingut- oder Porzellanschüssel geben und mit der Marinade übergießen. Mindestens einen Tag durchziehen lassen. Mit in Fett geschwenkten Bratkartoffeln servieren.

In den Sommermonaten entwickelt sich in der Nordsee eine optimale Nahrungsgrundlage für den Hering. Er kann sich ausreichend an tierischem Plankton und Krabben satt fressen und Fettreserven für den Winter aufbauen, in welchem er sein einzigartiges Aroma entwickelt.

Saure Heringe

Früher nannte man den Hering in Friesland „Sommerfisch“, da er überwiegend in der warmen Jahreszeit verkauft wurde.

Zutaten

1 kg Heringe
500 ml Essig
1 EL Salz
2 Zwiebeln

Zubereitung

1 Die Heringe säubern, entgräten und einsalzen. Die Fische ca. 3 Stunden ziehen lassen, damit das Fleisch fester wird.

2 500 ml Wasser mit dem Essig und dem Salz aufkochen und erkalten lassen.

3 Nun die Heringe in eine Steingut- oder Porzellanschüssel legen.

4 Die Zwiebeln abziehen und in Ringe schneiden. Die Heringe mit dem Essig-Wasser-Gemisch übergießen und die Zwiebelringe dazugeben. Nach zwei Tagen sind die Heringe durchgezogen und können mit Vollkornbrot oder Kartoffeln genossen werden.

Die Hauptsaison des Nordseeherings ist von Juni bis August. Gerade in den Sommermonaten ist er besonders zart und lecker.

In Kombination mit Pellkartoffeln schmecken saure Heringe besonders köstlich.

KERNOBST
BRANNTWEIN
40 %

Gebratene Nordseescholle

Dieses typische Gericht wird an der deutschen Nordseeküste in vielen Restaurants angeboten – aber auch zu Hause lässt es sich schnell zubereiten.

Zutaten

4 Nordseeschollen
1 Ei
100 g Paniermehl
30 g Salz
Bratfett oder 80 g geräucherter, ausgelassener Speck

Zubereitung

1 Die Schollen schuppen und mit Wasser säubern (oder beim Fischhändler küchenfertig bestellen).

2 In einem Teller ein Ei verquirlen, in einem anderen Teller das Paniermehl und das Salz vermischen. Die abgetrockneten Fische zuerst im Ei und dann im Paniermehl wenden.

3 Das Bratfett oder das ausgelassene Speckfett siedend heiß erhitzen und die Fische von beiden Seiten je 5 Minuten braun- und garbraten. Kartoffelsalat oder Salzkartoffeln mit ausgelassener Butter sind ideale Beilagen. Auch ein grüner Salat passt sehr gut dazu.

Die Panade aus geschlagenem Ei und gesalzenem Paniermehl sorgt dafür, dass die Scholle beim Braten nicht am Pfannenboden kleben bleibt.

Besonders gut schmecken Scholle und Butt in den Monaten Mai und Juni.

Steinbutt mit Estragon-Tomaten-Soße

Der unverwechselbare, leicht nussige Geschmack dieses edlen Meeresfisches entfaltet sich in den Wintermonaten besonders gut.

Zutaten

1 Zwiebel
2 EL Essig
1 Glas trockener Weißwein
250 g Butter
100 ml süße Sahne
2 Eigelb
2 große Tomaten
1 TL gehackter Estragon
1 kg Steinbutt
Paniermehl
Pfeffer

Zubereitung

1 Die Zwiebel abziehen, fein hacken und mit dem Essig, dem Weißwein und grob gemahlenem Pfeffer aufkochen.

2 In einem kleinen Topf einen Teil der Butter schmelzen. Die Sahne und die Eigelbe mit dem Schneebesen unterschlagen und das Essig-Wein-Gemisch dazugeben. Nochmals mit dem Schneebesen schaumig rühren.

3 Die Tomaten häuten und entkernen, dann zerdrücken und unter die Soße mischen. Den gehackten Estragon anschließend unterrühren. Beiseitestellen und warmhalten.

4 Die restliche Butter zerlassen. Den Steinbutt gut waschen und salzen, durch die zerlassene Butter ziehen und in Paniermehl wenden, bis der Fisch gut bedeckt ist. Danach in Butter von beiden Seiten goldgelb braten (ca. 15 Minuten) und mit der Soße anrichten.

5 Als Beilage eignen sich Kartoffelpüree, Salzkartoffeln oder Reis.

Achten Sie beim Kauf darauf, dass der Steinbutt von einer dünnen Gallertschicht überzogen ist. Das ist ein sicheres Zeichen für Frische. Lassen Sie den Steinbutt auch nur ausnehmen, nicht zerteilen.

Dithmarscher Leberwurst

Ob als Brotbelag oder warm mit Kartoffeln, Senftunke und einem Klecks Apfelmus – diese Wurst ist ein deftiger Genuss.

Zutaten

1 ¼ kg Leber
225 g Butter
225 g Schmalz
150 g Mehl
1 l Milch
35 g Salz
7 Eier
1 Prise Nelkenpfeffer
1 Prise Majoran
1 Prise Thymian
gestoßener weißer Pfeffer
4 Meter Därme

Zubereitung

1 Die rohe Leber dreimal durch den Fleischwolf drehen und in eine Schüssel geben.

2 Die Butter und das Schmalz erhitzen und abwechselnd mit dem Mehl, der Milch, dem Salz und den Eiern unter ständigem Rühren zur Masse geben. Das Ganze mit den Gewürzen abschmecken und die Masse mit einem Löffel in die Därme füllen, sodass diese nur halb bis dreiviertel voll sind.

3 Die gefüllten Därme mit einer Schnur abbinden und eine gute halbe Stunde in Salzwasser mäßig kochen, dabei öfter mit einer feinen Nadel anstechen.

Für eine zünftige Senftunke benötigen Sie lediglich 250 g mittelscharfen Senf, 500 ml Weinessig, 250 ml Wasser und 100 g Zucker. Geben Sie die Zutaten in einen Topf und kochen Sie die Soße unter ständigem Rühren auf.

Friesisches Pökelfleisch

Insbesondere mit Salzkartoffeln, Kürbiswürfeln, Senfgurken, roten Rüben und kleinen, halbierten Birnen wird das friesische Pökelfleisch zu einem noch größeren Genuss.

Zutaten

500–1000 g leicht gepökelte Rinderbrust
1 Zwiebel
2 Lorbeerblätter
3 Nelken
1 Bund Suppengrün

Zubereitung

1 Das Suppengrün waschen, putzen und klein schneiden. Die Zwiebel abziehen und Würfeln. Das Suppengrün und die Zwiebel mit der Rinderbrust sowie den anderen Zutaten für 1 ½ Stunden in kochendes Wasser geben.

2 Die Rinderbrust in Scheiben schneiden und zusammen mit den Beilagen auf einer warmen Platte anrichten. Zu diesem Gericht werden ein kalter Klarer und dunkles Bier getrunken.

Das Pökeln als Konservierungsart war schon unseren Vorfahren bekannt. Mit Hilfe von Kochsalz oder speziellem Pökelsalz wird die natürliche Farbe des Fleisches bewahrt und sein Geschmack verstärkt.

Friesischer Rostbraten

Ob pikant oder süßlich abgeschmeckt – der Rostbraten ist seit jeher ein Festmahl für die Friesen, das früher allerdings nur zu ganz besonderen Gelegenheiten serviert wurde.

Zutaten

2,5 kg gut abgehangenes Rindfleisch (am besten Roastbeef)
60 g Butter
30 g Rindertalg
500 ml Sahne
80 g Weizenmehl
Salz

Zubereitung

1 Das Rindfleisch abwaschen, trocknen, kräftig flachklopfen und mit Salz einreiben. Die Butter und den Rindertalg in einem großen Schmortopf bräunen. Das Fleisch darin von allen Seiten anbraten. Dann mit so viel Wasser aufgießen, dass die gesamte Flüssigkeitsmenge ca. 1 Liter beträgt.

2 Den Backofen auf 200 °C (Umluft 180 °C) vorheizen und den Schmortopf für ca. 1 Stunde hineingeben.

3 Wenn das Fleisch gar ist, herausnehmen und den Bratensaft durch ein feines Sieb gießen. Die Sahne mit dem Mehl verrühren und den Bratensaft damit binden.

4 Den Rostbraten in Scheiben schneiden und schuppenartig auf einer Platte anrichten. Mit der Soße übergießen und zusammen mit verschiedenen Gemüsen, wie Blumenkohl oder Rosenkohl, anrichten.

Den klassischen Rostbraten gibt es auch in der süßlichen Föhrer Variante mit Rosinen.

Diesen Rostbraten kann man sich als Rostbraten Sylter Art in zahlreichen Restaurants auf der Insel Sylt schmecken lassen.

Gans auf Senatorenart

Dieses klassische Festmahl mundet sicher nicht nur den hohen Herren der Politik ganz besonders vorzüglich.

Zutaten

500 g Boskop-Äpfel
2 Tassen Rosinen
1 Gläschen Rum
½ Tasse Zucker
etwas Schale einer unbehandelten Zitrone
1 Prise Zimt
1 Tasse feingestoßener Zwieback
1 junge Gans
2–3 Schalotten
etwas Mehl
Salz

Zubereitung

1 Die Äpfel waschen, schälen, entkernen und in Würfel schneiden. Die Rosinen in den Rum legen und aufquellen lassen. Dann den Zucker, die Zitronenschale, den Zimt und den Zwieback dazugeben. Zusammen mit den gewürfelten Äpfeln zu einer festen Masse vermischen.

2 Die Gans mit der Füllung ausstopfen und an Hals und Schwanz zunähen. Nicht von außen salzen! Vor dem Braten in die Fettpfanne etwa 3 Tassen Wasser geben. Den Backofen auf 200 °C (Umluft 180 °C) vorheizen. Dann die Gans in die Fettpfanne und in den Backofen schieben. 2 ½–3 Stunden braten und gelegentlich mit dem Bratenfond begießen.

3 Nach der Hälfte der Bratzeit einige Male unterhalb der Keulen in die Haut stechen, damit das Fett besser austreten kann. In der letzten halben Stunde die gewaschenen und klein geschnittenen Schalotten zugeben. 10 Minuten vor Ende der Garzeit die Gans mit kaltem Salzwasser übergießen und bei 250 °C (Umluft 230°C) knusprig braten. Dazu schmecken Salzkartoffeln, Rotkohl und Bratäpfel.

Die Hansestädter haben ihren Ministern einen besonderen Namen gegeben: Senatoren heißen diese hohen Repräsentanten des Staates im rauen Norden, denen dieser Festschmaus gewidmet ist. Die Bezeichnung Senat stammt aus dem Lateinischen und bedeutet so viel wie Ältestenrat. Somit kann man seine Mitglieder als die Weisen der Justiz ansehen.

Kabinett
TROCKEN

Gebratene Krickente

Die friesischen Moorgebiete sind unter anderem die Heimat dieser Sylter Wildspezialität.

Zutaten

4 Krickenten
100 g geräucherte Speckscheiben
1 Zwiebel
30 g Butter
10 Wacholderbeeren
125 ml Sahne
30 g Mehl
Salz
Pfeffer

Zubereitung

1 Die Krickenten ausnehmen und säubern. Mit Salz und Pfeffer einreiben und mit den Speckscheiben die Enten umwickeln.

2 Die Zwiebel abziehen und klein hacken. Butter, die Zwiebel und die Wacholderbeeren in die Fettpfanne geben. Den Backofen auf 220 °C (Umluft 200 °C) vorheizen. Die Enten auf die Fettpfanne setzen und in den Ofen stellen. Nach 20 Minuten Bratzeit 250 ml Wasser zugeben. Je nach Größe der Enten weitere 40–70 Minuten braten. Sie müssen goldbraun sein.

3 Die Enten herausnehmen, warmstellen, den Bratenfond mit der Sahne und dem Mehl binden und über die Enten gießen. Heiß servieren, dazu Rotkraut und Petersilienkartoffeln reichen.

Um leckeres Entenfleisch zu genießen, mussten die Gourmets früher auf den Herbst warten. Zu dieser Zeit startete die Entenjagd. Kühltruhe sei Dank, ist diese Gaumenfreude heute das gesamte Jahr möglich.

Gebratene Wildenten

Mit einem Gläschen kräftigem Rotwein schmeckt diese Spezialität unvergleichlich gut – am besten die gleiche Sorte wie in der Soße.

Zutaten

2 Wildenten
60 g Butter
250 g saure Sahne
1 Glas Rotwein
30 g Mehl
Salz

Zubereitung

1 Die Wildenten ausnehmen, säubern und mit Salz einreiben.

2 Die Butter und die Enten in die Fettpfanne geben. Den Backofen auf 220 °C (Umluft 200 °C) vorheizen und die Enten ca. 30 Minuten bräunen.

3 250 ml Wasser zu den Enten geben und weitere 1 ½–2 Stunden braten.

4 Die Enten herausnehmen, vierteln und die Soße durch ein Sieb geben. Mit der sauren Sahne verfeinern und mit etwas Rotwein abschmecken. Zum Schluss die Soße mit dem Mehl binden.

Feste zu feiern, war früher ein wichtiger Bestandteil des bäuerlichen Lebens. Da das meist die finanziellen Mittel des Hausherren überstieg, war es Sitte, dass Gäste Naturalien mitbrachten. Insbesondere im Herbst – zur Jagdsaison – waren das oft frisch geschossene Enten, die nach altem Hausrezept zubereitet wurden.

Friesische Klöße

Mehlspeisen wie Knödel sind eigentlich eher im Süden Deutschlands üblich, aber mit einem ordentlichen Anteil Kartoffeln liebt man sie auch im Norden.

Zutaten

1 kg Kartoffeln
100 g fetter Speck
250 g Buchweizenmehl
4 Eier
3 EL warme Milch

Für die Specksoße:
40–50 g Mehl
40 g geräucherter oder getrockneter Speck
1 Zwiebel
1 TL Zucker oder Zuckerrübensirup
Salz

Zubereitung

1 Die Kartoffeln kochen und pellen. Die gekochten Kartoffeln durch ein Sieb pressen oder eine Presse drücken.

2 Den in kleine Würfel geschnittenen fetten Speck mit dem Buchweizenmehl, den Eiern, etwas Salz und der warmen Milch unter die Kartoffelmasse mischen, einen knetbaren Teig entstehen lassen und aus diesem große Klöße formen.

3 Diese anschließend in siedendes Salzwasser geben und ca. 20 Minuten ziehen lassen.

4 Eine Specksoße, wie unten gezeigt, herstellen und zu den Klößen servieren.

Eine Specksoße (siehe unten) passt ideal zu den friesischen Klößen. Auch zu grauen Erbsen, Linsen, Spiegeleiern oder gekochten Kartoffeln ist diese Soße ein echter Genuss.

a. 

b. 

c. 

Bild a: 500 ml Wasser kochen und mit dem Mehl binden.
Bild b: Den Speck und die Zwiebel in kleine Würfel schneiden und ausbraten. Danach der Mehlsoße beimischen.
Bild c: Das Ganze mit Salz und Zucker oder Sirup abschmecken.

Grünkohl mit Schweinebacke

Dieses Wintergemüse gehört bei eingefleischten Friesen unbedingt auf die Speisekarte und ist darüber hinaus eine wahre Vitaminbombe.

Zutaten

750 g Schweinebacke oder Zungenwurst
2 kg Grünkohl
125 g Schmelzflocken
Zucker
Salz

Zubereitung

1 Die Schweinebacke oder Zungenwurst in 750 ml Wasser ca. 45 Minuten kochen.

2 Den Grünkohl putzen, waschen und in die Brühe geben und das Ganze weitere 1 ½ Stunden kochen.

3 Den Kohl aus dem Topf nehmen und ihn entweder hacken oder fein schneiden. Die Brühe mit den Schmelzflocken binden, dann den Kohl wieder hinzufügen und 10 Minuten kochen lassen. Mit Zucker und Salz abschmecken.

4 Das Fleisch aus dem Topf herausnehmen und in Scheiben schneiden. Dazu passen sehr gut süß-gebratene Bratkartoffeln.

Wenn der erste Frost über das Land an der Küste zieht, beginnt die Grünkohl- oder, wie die Friesen sagen, die Braunkohlzeit. Dann nämlich werden die krausen Blätter dieses nicht überall geschätzten Kohls tüchtig gezwackt, was ihm einen leicht süßen Geschmack verleiht. Gerade richtig für die Friesen, die Süßes lieben. Gewaltige Grünkohlessen finden dann statt, auf denen nach dem Motto „Solang de Buuk (Bauch) in de West passt“ gegessen wird. Bier und Korn dürfen bei einem solchen Essen auf keinen Fall fehlen.

Kartoffelstampfel

Allgemein ist der schwarzbraune Zuckerrübensirup als würziger Brotaufstrich bekannt. Bei diesem Rezept ist der Sirup zwar nur Beigabe, doch sein charakteristischer Geschmack lässt das ansonsten einfache Gericht so richtig zur Geltung kommen.

Zutaten

1–1 ½ kg Kartoffeln
3–4 EL Mehl
1 Prise Salz

Für die Soße:
40 g Mehl
40 g Butter
1 EL Zucker
500 ml Milch
Sirup nach Geschmack
1 Prise Salz

Zubereitung

1 Die Kartoffeln schälen, kochen und danach stampfen. Dann das Mehl und das Salz langsam untermischen. Diesen Teig in eine gefettete Auflaufform geben, leicht andrücken und bei mittlerer Hitze 45 Minuten backen.

2 Für die Soße das Mehl und die Butter vorsichtig erhitzen, ohne dass sich das Mehl verfärbt. Zucker und Salz hinzufügen und mit der Milch ablöschen und glattrühren.

3 Den Kartoffelstampfel mit der Milchsoße und dem Sirup servieren.

Zuckerrübensirup wird aus dem Saft der Zuckerrübe gewonnen. Es eignet sich auch gut als süßer Brotaufstrich.

Sollte etwas vom Kartoffelstampfel übrig bleiben, können die Reste als Puffer gebacken und ebenfalls mit Milchsoße und Sirup genossen werden.

Sirup

Sahnekartoffeln mit Schinken

Zu diesem Gericht passt jede Schinkensorte – aber die Friesen bevorzugen natürlich den Holsteiner Katenschinken.

Zutaten

500 g Kartoffeln
20 g Butter
250 ml Sahne
Muskat
feingehackte Petersilie
4 dicke Scheiben luftgetrockneter Schinken
Salz
Pfeffer

Zubereitung

1 Die Kartoffeln kochen, pellen und in dünne Scheiben schneiden. Danach mit der Butter eine Auflaufform einfetten und diese mit den Kartoffelscheiben füllen.

2 Den Backofen auf 180 °C (Umluft 160 °C) vorheizen. Die Sahne mit dem Muskat, dem Salz, und dem Pfeffer würzen, über die Kartoffeln gießen und zudecken. Das Ganze gut 10 Minuten im Backofen ziehen lassen. Zum Schluss mit Petersilie bestreuen.

3 Der Schinken wird auf einem separaten Holzbrett zu den Kartoffeln serviert.

Ein guter Räucherschinken ist mager, saftig und zart, dabei mild im Geschmack. Beispiele hierfür gibt es viele: den Bayonner aus Frankreich, den Yorker aus England, den Parmaschinken aus Oberitalien, den Prager Schinken aus der Tschechoslowakei oder den Holsteiner Schinken aus dem Land zwischen Nord- und Ostsee. Welcher denn nun der Beste ist, entscheidet ganz allein der persönliche Geschmack.

Süße Tomaten

Wenn im Sommer die Gärten voller sonnengereifter Tomaten sind, kann man leckeres Gemüse auf Vorrat einkochen.

Zutaten

5 kg frische Tomaten
2 l Weinessig
2,5 kg Zucker
Zimt und Nelken nach Geschmack

Zubereitung

1 Die Tomaten in dem Essig weichkochen und auf ein Sieb zum Abtrocknen geben.

2 500 ml Wasser mit dem Zucker zum Kochen bringen und Gewürze nach Geschmack hinzufügen, zum Schluss auch die Tomaten. Das Ganze weiterkochen, bis die Tomaten glasig erscheinen.

3 Alles noch heiß in Gläser füllen und nach dem Erkalten mit Pergamentpapier verschließen und zubinden.

Um sich einen bunten Gemüsevorrat anzulegen, können Sie dieses Rezept natürlich auch mit anderen Gemüsesorten ausprobieren. Paprika, Gurken und Bohnen eignen sich ebenfalls hervorragend.

Buchweizengrütze mit Milch

Kenner der friesischen Küche halten die Buchweizengrütze für die Beste von allen. Und das will schon etwas heißen in einem Land, in dem es ein „Heer von Grützen" gibt.

Zutaten

1 l Vollmilch
150 g Buchweizengrütze
Salz

Zubereitung

1 Die Milch zum Kochen bringen.

2 Die Buchweizengrütze hinzugeben und ca. 1 Stunde auf kleinster Flamme und unter mehrmaligem Umrühren quellen lassen.

3 Mit Salz abschmecken und mit kalter Milch servieren.

In manchen Gegenden des Landes war Buchweizen früher das Hauptnahrungsmittel. Mit Wasser oder Saft, manchmal auch mit Milch, wurde der Weizen gekocht. An Sonn- oder Feiertagen kam auch mal ein Schuss Rahm darüber.

Dicke Gerstengrütze

Die Gerste diente vor allem der ärmeren Bevölkerung als Grundnahrungsmittel, da sie in Massen angebaut wurde und daher günstig war. Diese Speise – leicht und erfrischend – stellt aber beileibe kein Armengericht dar.

Zutaten

150–200 g Gerstengrütze
100 g Rosinen oder 250 g geschälte Apfelstücke
Zimt und Zucker zum Bestreuen
1 EL Salz

Zubereitung

1 1 Liter Wasser zum Kochen bringen und alle Zutaten langsam darin garen lassen. Der Brei wird warm, mit Zimt und Zucker bestreut, gegessen. Am besten schmeckt dazu ein Glas kalte Milch.

2 Wenn man Apfelstücke anstatt der Rosinen wählt, sollte man sie von Anfang an ins Wasser geben.

Die Gerste ist bereits seit über 8000 Jahren eine wichtige Getreideart und war als Brotgetreide neben dem Weizen schon bei den Ägyptern und in Vorderasien sehr beliebt.

Grützwurst

Eine friesische Spezialität mit langer Tradition – und so eigen wie die Friesen selbst.

Zutaten

400 g Hafergrütze
500 ml Brühe oder Wasser
250 g Rosinen
5 g Nelkenpfeffer
12 g Salz

Zubereitung

1 Die Hafergrütze in Wasser oder Brühe einweichen und 12 Stunden ziehen lassen.

2 Die Rosinen, den Pfeffer und das Salz mit der eingeweichten Grütze vermischen. Alles in einer Puddingform oder lose in Därme gefüllt 1 ½–2 Stunden in kochendem Wasser garen.

3 Die Grützwurst in Scheiben schneiden, anbraten und zum Beispiel mit Bratkartoffeln servieren.

Das Originalrezept für diese „Wurst“ ist komplett fleischfrei, denn früher herrschten karge Zeiten. Heutzutage wird die Grützwurst gerne durch die Beigabe von Hackfleisch oder durchgedrehten Bratenresten und Innereien vom Schwein verfeinert. Traditionell isst man die Grützwurst in Friesland zum allseits beliebten Grünkohl.

Mehlbeutel

Seit dem späten 17. Jahrhundert hat sich dieser Serviettenkloß in Norddeutschland verbreitet und ist bis heute ein beliebtes Gericht in der kalten Jahreszeit.

Zutaten

4 Eier
500 ml Milch
60 g Butter
60 g Schmalz
600 g Mehl
1 Prise Salz
60 g Zucker
100 g Rosinen

Zubereitung

1 Die Eier trennen und die Eigelbe und die Milch gut verrühren. Danach die Butter und das Schmalz in einer Pfanne vorsichtig schmelzen und langsam unter die Eiermilch ziehen.

2 Das Mehl mit dem Salz, dem Zucker und den Rosinen vermischen und vorsichtig darübergeben.

3 Das Eiweiß steif schlagen und den Eischnee nach und nach unterziehen.

4 Ein Mehlbeuteltuch (Windel, Serviette, Nesseltuch) anfeuchten, in der Mitte mit etwas Mehl bestreuen und dann den Teig darauf verteilen.

5 Den Mehlbeutel verknoten und im Wasserbad 2 Stunden kochen. Herausnehmen, umdrehen und 5 Minuten ausdampfen lassen. Mit Fruchtsoße servieren.

Der Mehlbeutel schmeckt süß und herzhaft gleichermaßen. So wird er wahlweise mit getrockneten Früchten und Fruchtkompott oder mit deftigem Fleisch serviert. Seine Ursprünge sind im Christmas Pudding oder Plumpudding der englischen Küche zu finden. Anders als in Deutschland handelt es sich hier nämlich nicht um eine cremige Süßspeise, sondern auch um einen gekochten Serviettenkloß.

Rhabarbergrütze

Ob zu Eis, zu Pudding oder pur – Rhabarbergrütze ist in Friesland immer ein frühsommerlicher Genuss.

Zutaten

300–400 g Rhabarber
Abrieb von ½ unbehandelten Zitrone
125–200 g Reismehl oder Sago
Zucker nach Geschmack

Zubereitung

1 Den Rhabarber waschen, beide Enden abschneiden, die Haut abziehen und die Stangen in ca. 5 cm lange Stücke schneiden.

2 Dann mit dem Zitronenabrieb in 1–1,5 Liter kochendem Wasser weichkochen.

3 Das Reismehl oder das Sago hinzugeben, garkochen und die Grütze mit Zucker abschmecken.

Die Rhabarbergrütze ist warm und kalt ein Genuss. Milch und Vanillesoße runden den Geschmack zusätzlich ab.

Die Rhabarberpflanze ist seit dem Altertum als Arzneipflanze bekannt. Als Nutzpflanze wird sie erst seit dem 19. Jahrhundert kultiviert.

Rote Grütze (Rode Grütt)

Der Klassiker ist bei Kindern wie Erwachsenen beliebt und kann je nach Saison auch mit anderen Obstsorten zubereitet werden.

Zutaten

1 l Johannisbeer-, Himbeer- oder Kirschsaft (evtl. verdünnt)
Zucker
60 g Stärkemehl
Milch oder Sahne

Zubereitung

1 Den Fruchtsaft zum Kochen bringen und nach Geschmack Zucker hinzufügen.

2 Das Stärkemehl einrühren und die Flüssigkeit damit binden. Alles 5 Minuten kochen lassen.

3 Anschließend in eine Glasschüssel füllen und erkalten lassen. Nach Belieben mit kalter Milch oder Sahne servieren.

Rote Grütze ist auch in Süddeutschland ein begehrter Nachtisch. Ursprünglich kommt sie aus dem hohen Norden, aus Schleswig-Holstein und Dänemark. Dort hieß früher alles rote Grütze, was wie Grützebrei aussah, jedoch nicht mit reinem Wasser, sondern in Saft gekocht war. Es gibt zahlreiche voneinander abweichende Rezepte. Manche Hausfrauen schwören darauf, dass sie am besten aus frischen Früchten schmecke, andere meinen, man solle sie sogar in der Erntezeit aus Saft zubereiten.

Speckendicken

Ein deftiger Leckerbissen, der in Friesland traditionell zum Jahresausklang gegessen wird.

Zutaten

10–12 dünne Speck- und Mettwurstscheiben
500 g Mehl
(je zur Hälfte Roggen- und Weizenmehl)
2 EL Zuckerrübensirup
1 TL Anis
250 ml Milch
Salz

Zubereitung

1 Eine Bratpfanne mit den Speck- und Mettwurstscheiben auslegen und bei geringer Hitze etwas ausbraten.

2 Das Mehl, den Zuckerrübensirup, das Anis, die Milch und etwas Salz zu einem dickflüssigen Pfannkuchenteig verrühren. Diesen in die Pfanne zu den Speck- und Wurstscheiben geben und von beiden Seiten goldgelb backen.

Dieses typisch friesische Gericht wird zwar üblicherweise am Silvesterabend serviert, kann aber ebensogut zu Weihnachten gegessen werden. Dann können etwas Kardamom und evtl. noch einige Rosinen hinzugefügt werden, um ein weihnachtliches Aroma zu erzielen.

MARQUE CRÉÉE
André
75cl SÉLECTION
PRODUCE OF FRANCE
DEZEMBER

Dicke Milch

Diese leckere Nachspeise wird erst mit frisch gemolkener Milch perfekt, denn die Milch aus dem Supermarkt ist derart vorbehandelt, dass sie nicht mehr richtig fest wird.

Zutaten

1 ½ l Milch
100 g Zucker
1 TL Zimt
evtl. Korinthen

Zubereitung

1 Die Milch wird gleichmäßig in tiefen Suppentellern oder Portionsschüsseln verteilt und an einen warmen Ort gestellt.

2 Nach ca. 24 Stunden ist die Milch dick und wird mit Zucker und Zimt bestreut, je nach Geschmack auch mit ein paar Korinthen.

Haben Sie keine Frischmilch vom Bauern zur Hand, dann können Sie mit Käselab aus der Drogerie nachhelfen und den Verdickungsprozess beschleunigen. Das Lab ist eine Absonderung des Magens säugender Kälber und wichtiger Gerinnstoff bei der Käseherstellung aus Süßmilch.

ZIMT

Rumspeise

Dieses Dessert ist der Beweis dafür, dass der hohe Norden aus Rum nicht nur starke Getränke zaubert, sondern auch süße Gaumenfreuden.

Zutaten

500 ml Milch
¼ Stange Vanille
4 Eigelb
150 g Zucker
8 Blatt Gelatine
Rum nach Geschmack (mind. 1 knappes Weinglas)
500 ml süße Sahne
4 Eiweiß

Zubereitung

1 Die Milch und die Vanillestange zum Kochen aufsetzen, inzwischen die Eigelbe und den Zucker schaumig rühren und unter beständigem Rühren die kochende Milch hinzufügen. Die Masse in den Topf zurückgeben und im Wasserbad zu einer dicken Creme schlagen.

2 Die Gelatine in einigen Esslöffeln Wasser auflösen und mit dem Rum der erkalteten Creme hinzufügen.

3 Die Sahne und die Eiweiße getrennt steif schlafen und leicht unter die Masse rühren, bis sie beginnt fest zu werden. Die Hälfte der Schlagsahne zum Garnieren aufheben.

4 Die fertige Creme in eine Glasschale füllen und mit der restlichen Schlagsahne verzieren.

Wenn das Hauptgericht schon sehr üppig war, sollte man die Schlagsahne weglassen. Dieser Nachtisch schmeckt auch pur köstlich.

Rum wird aus Zuckerrohr gewonnen. Die Friesen lieben das wärmende Getränk, z. B. im Pharisäer (siehe Seite 150).

Verschleiertes Bauernmädchen

Ein Traditions-Dessert mit dänischem Ursprung.
An der Nordseeküste nennt man es auch „Götterspeise".

Zutaten

125 g Schokolade
60 g Zucker
10 EL geriebenes Brot
500 ml süße Sahne oder 500 g Quark
1 EL Johannisbeergelee

Zubereitung

1 Die Schokolade reiben und mit dem Zucker und dem geriebenen Brot vermischen.

2 Die Sahne steif schlagen.

3 Die Brotmischung und die Schlagsahne (oder den Quark) in einer Glasschüssel schichten, bis nur noch ein Rest Schlagsahne übrig ist. Diese bildet den Abschluss.

4 Zu guter Letzt das Schichtdessert mit kleinen Johannisbeergelee-Klecksen garnieren.

Ersetzt man die Schlagsahne oder den Quark durch Apfelkompott, erhält man eine ebenso leckere, aber nicht so gehaltvolle Variation dieses Rezeptes.

Als eine geschmacklich interessante Abwechslung können Sie dunkle Schokolade verwenden.

Ostfriesischer Butterkuchen

In Verbindung mit einem klassischen Ostfriesentee wird dieser Kuchen besonders gerne gegessen – zu jedem Anlass.

Zutaten

40 g Hefe
500 g Mehl
250 ml Milch
1 Prise Salz
50 g Zucker
1 Ei

Für den Belag:
150 g Butter
125 g Zucker
1–2 TL Zimt

Zubereitung

1 Die Hefe mit einem guten Viertel des Mehls, etwas lauwarmer Milch und einer Prise Zucker zu einem Vorteig verarbeiten, in einer gut zugedeckten Schüssel an einem warmen Ort ca. 15 Minuten gehen lassen.

2 Den Backofen auf 200 °C (Umluft 180 °C) vorheizen. Den Vorteig mit den restliche Zutaten vermischen und zu einem Teig verarbeiten. Diesen ausrollen, auf ein Blech geben und mehrmals mit einer Gabel einstechen.

3 Für den Belag die Butter mit dem Zucker verrühren und je nach Geschmack 1–2 TL Zimt dazugeben. Das Ganze nicht zu gleichmäßig auf dem Grundteig verteilen und im vorgeheizten Backofen 20 Minuten backen. Möglichst frisch servieren.

Der große römische Geschichtslehrer Plinius der Ältere berichtete schon in seiner berühmten „Naturalis Historia" (Naturgeschichte), dass gewisse barbarische Völker – zu denen er vornehmlich die Friesen zählte – sogar Butter als Zutat für ihre Speisen verwendeten. Allerdings ist nicht überliefert, ob er diesen Butterkuchen kannte – dann hätte er sich wohl nicht so abfällig geäußert.

Kluntjes
FRIESEN-KANDIS
Inhalt 400 Gramm
Schwarzer Tee
FRIESEN-TEE
Mischung

Förtchen (Futtjen)

Ein typisch friesisches Weihnachts- und Neujahrsgebäck, das vor allem an der schleswig-holsteinischen Westküste bekannt ist. Gebacken wird es in speziellen Eisenpfannen mit Vertiefungen.

Zutaten

500 g Mehl
25 g Hefe
50 g Zucker
375 ml Milch
5 Eier
15 g Salz
100 g Butter
250 g Pflaumenmus

Zubereitung

1 Wie in der Schritt-für-Schritt-Anleitung unten beschrieben einen Hefeteig herstellen.

2 In jede Vertiefung der Förtchenpfanne 1 EL Butter geben, diese erhitzen und die Vertiefung zur Hälfte mit Teig und 1 TL Pflaumenmus füllen.

3 Nachdem die Unterseite leicht braun geworden ist, die Förtchen mit Hilfe eines Löffels umdrehen und fertig backen.

a.

b.

Besonders lecker schmecken die Futtjen, wenn man sie noch heiß in Zucker wälzt oder mit Puderzucker bestäubt.

c.

d.

e.
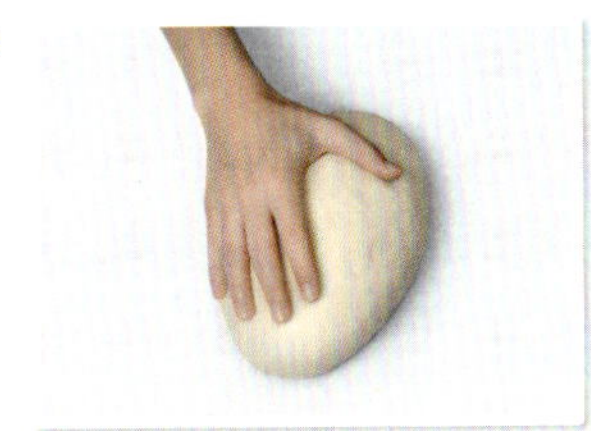

Bild a: In die Mitte des Mehls eine Mulde drücken und zerbröckelte Hefe sowie Milch hineingeben.
Bild b: Mit ein wenig des Mehls zu einem Vorteig verrühren und gehen lassen.
Bild c: So sieht der Vorteig aus, wenn er gegangen ist.
Bild d: Die restlichen Zutaten hineingeben, alles gut verrühren und erneut gehen lassen.
Bild e: Zum Schluss den Teig mit den Händen bearbeiten.

Friesenkuchen

Auch aufs Backen verstehen sich die Friesen. Neben Kranzkuchen aus Fehmarn und Föhrer Eisenkuchen ist der Friesenkuchen eine weitere regionale Spezialität, welche gerne zu einer Tasse Tee gereicht wird.

Zutaten

375 g Butter
1 TL süße Sahne
1 TL Hirschhornsalz
500 g Mehl
180 g Zucker
1 Ei

Zubereitung

1 Die Butter schaumig rühren und anschließend alle weiteren Zutaten nacheinander hinzufügen. Daraus einen Knetteig herstellen.

2 Den Teig zu einer Rolle von ca. 4 cm Durchmesser formen und 30 Minuten kalt stellen. Den Backofen auf 180 °C (Umluft 160 °C) vorheizen.

3 Von der Rolle dünne Scheiben abschneiden und im Backofen auf der mittleren Schiene 10–12 Minuten backen.

Über Generationen haben sich viele Traditionsrezepte durchgesetzt, sodass jede Region mit ihren ganz eigenen Kreationen des Friesenkuchens aufwartet.

Wird der Teig zu einer gleichmäßigen Rolle geformt, lassen sich ganz einfach Scheiben abschneiden.

Ostfriesische Knüppeltorte

Woher die Torte ihren Namen hat, weiß heute niemand mehr so recht, nur dass die Friesen sie noch immer gerne zum Kaffeeklatsch servieren.

Zutaten

Für die Füllung:
500 g Mehl
300 g Butter
3 Eier
20 g Zucker
50 g Butter zum Ausbacken

Für die Masse:
500 g Zucker
knapp 250 ml Rosenwasser
1 g Nelken
Abrieb einer unbehandelten Zitrone
125 g Mandelstifte
125 g gewürfeltes Zitronat
50 g gewürfeltes Orangeat

Zubereitung

1 Zunächst die Füllung vorbereiten. Hierfür alle Zutaten miteinander vermischen und gut durchkneten. Anschließend kleine Kugeln aus dem Teig formen und diese in einer Pfanne goldgelb ausbacken.

2 Den Zucker mit dem Rosenwasser zum Kochen bringen und so lange köcheln lassen, bis der Zucker ganz klar ist, dann die übrigen Zutaten darin aufkochen.

3 Die Masse mit den gebackenen Kugeln vermischen. Danach alles in eine mit gefettetem Papier ausgelegte Kastenform geben, mit Papier bedecken und mindestens 24 Stunden ohne Erschütterung stehen lassen, damit die Masse auskristallisieren kann. Dann den Kuchen in Scheiben schneiden.

Das Rosenwasser verleiht dem Kuchen seine ganz besondere Note.

Die Tortenspezialität wird gerne mit klassischem Ostfriesentee gereicht.

Marzipanbrot

Vor allem in der Weihnachtszeit freut man sich auf diesen ganz besonderen Leckerbissen. Schließlich ist der Norden für sein köstliches Marzipan bekannt.

Zutaten

250 g Kuvertüre bitter
100 g Kuvertüre halbbitter
200 g Nuss-Nougat-Rohmasse
25 g Palmin
100 g Haselnüsse
3 EL Kaffeelikör
250 g Rohmarzipan
125 g Puderzucker
Kirschwasser
Schale einer unbehandelten Zitrone
12 kandierte Kirschen nach Wahl
10 kandierte Ananasstückchen
7 Mandelmakronen
kandierte Angelika und kandierte Früchte zum Garnieren

Früher wurde dem Marzipan noch Myrrhe und Rosenöl beigemischt. Davon versprach man sich innere Kraft und Ausgeglichenheit.

Zubereitung

1 Die bittere Kuvertüre im Wasserbad schmelzen.

2 Die Grundfläche eines Brotes aus starker Alufolie ausschneiden, mit zwei Drittel der bitteren Kuvertüre bestreichen und im Kühlschrank fest werden lassen.

3 Die halbbittere Kuvertüre und das Nuss-Nougat im Wasserbad schmelzen lassen. Das Palmin zugeben und die Haselnüsse sowie den Kaffeelikör unterziehen. Ebenfalls kalt stellen.

4 Das Rohmarzipan mit dem Puderzucker verkneten und mit Kirschwasser und geriebener Zitronenschale abschmecken.

5 Die Alufolie mit der Hälfte der Nuss-Nougat-Mischung bestreichen und mit der Hälfte der kandierten Kirschen und Ananasstücken belegen.

6 Das Marzipan auf wenig Puderzucker ca. 4 cm dick ausrollen und mit einem Drittel des Marzipans das Brot bedecken. Einen Streifen Makronen in der Mitte aufreihen und mit Kirschwasser beträufeln.

7 Die restliche Nougatmasse aufstreichen und wieder mit kandierten Früchten belegen. Das Ganze mit dem Rest des Marzipans belegen und wie ein Brot formen. Jetzt mit dem Rest der bitteren Kuvertüre überziehen und garnieren.

Moppen

Das friesische Weihnachtsgebäck erinnert an Lebkuchen und darf auf keinem weihnachtlichen Plätzchenteller fehlen.

Zutaten

1 TL Pottasche
1 TL Milch
4 Eier
500 g Zucker
500 g Mehl

Zubereitung

1 Die Pottasche in der Milch lösen und mit den übrigen Zutaten zu einem Knetteig verarbeiten. Den Backofen auf 200 °C (Umluft 180 °C) vorheizen.

2 Aus dem Teig walnussgroße Kugeln formen, auf ein gefettetes Backblech setzen und so lange ausbacken, bis die Kugeln hellbraun sind.

Man kann den fertigen Teig auch ausrollen (ca. 1 cm dick) und Plätzchen daraus ausstechen.

Für dieses typische Weihnachtsgebäck benötigen Sie vor allem Treibmittel. Traditionellerweise wird in diesem Fall Pottasche verwendet. Hierbei handelt es sich um ein weißes, laugig schmeckendes Salz (kohlensaures Kalium).

Hirschhornsalz (kohlensaures Ammonium) besitzt die gleichen Eigenschaften. Allerdings sollte man es nur bei ausgesprochen dünnen Gebäcken verwenden, denn manchen stört der Ammoniakgeruch.

Neujahrskuchen

Mit diesem Gebäck verköstigen die Friesen am ersten Tag des neuen Jahres Nachbarn und Freunde, die ihnen einen Besuch abstatten.

Zutaten

250 g Kandis
500 g Mehl
1 Prise Salz
1 gehäufter TL Anis
evtl. 1 TL Zimt
200 g Butter
2 Eier
1 Spezialwaffeleisen (Eierkucheneisen)

Zubereitung

1 Den Kandis in 750 ml heißem Wasser auflösen.

2 Das Mehl in eine Schüssel geben, mit dem Salz, dem Anis und evtl. Zimt vermischen.

3 Die Butter schmelzen und mit den Eiern, der Zuckerlösung und dem Mehl zu einem Teig verrühren.

4 Den Teig löffelweise in der Waffelform backen und noch heiß schnell zu einer Tüte aufdrehen.

5 Die Waffeln nach Belieben mit Sahne und Früchten füllen.

Auf speziellen Waffeleisen lassen sich die Waffeln am besten backen.

Bis heute bewahrt man die fertigen Neujahrskuchen in Milchkannen auf, damit sie nicht zerbröckeln und sich lange frisch halten.

Branntwein mit Rosinen

In Ostfriesland gab man dieser speziellen Mischung den Spitznamen „Bohnsopp“. Doch der harmlose Name trügt, denn nach reichlichem Genuss verspürt man eine tiefergehende Wirkung.

Zutaten

250 g Rosinen
1 l Branntwein (Weinbrand oder Cognac)
125 g Kandis

Zubereitung

1 Die Rosinen warm waschen und mit dem Branntwein in eine Terrine geben.

2 Den Kandis mit sehr wenig heißem Wasser auflösen. Erkalten lassen, den Rosinen hinzufügen und 3 Tage ziehen lassen.

Zu besonderen Anlässen muss stets ein besonderes Getränk gereicht werden. So stoßen die Friesen nach der Geburt eines Kindes mit „Bohnsopp“ auf das Wohl von Mutter und Kind an.

Traditionell wird „Bohnsopp“ in den typischen „Brantwienskopje“ (Teetassen ohne Henkel) serviert.

Eiergrog

Dieses Heißgetränk haut nicht nur manchen Seemann um. Einen kleinen Schwips ist der Geschmack dieses gehaltvollen Getränks jedoch allemal wert.

Zutaten pro Person

1 Eigelb
1 EL Puderzucker
2 cl heißer Rum
nach Belieben heißes Wasser

Zubereitung

1 Das Eigelb mit dem Puderzucker schaumig rühren, den Rum hinzufügen und im Wasserbad erwärmen.

2 In ein Grog-Glas füllen und mit heißem Wasser verdünnen. Wasser ist nicht obligatorisch!

Nach einem langen Spaziergang an einem kalten Wintertag wärmt ein Eierpunsch mit Rum die Glieder.

In Flensburg, der Hauptstadt des Rums, wird alljährlich bei der Rum-Regatta dem hochprozentigen Getränk gehuldigt.

Hoppelpoppel

Den einzigartigen Geschmack erhält dieses Getränk durch das Muskat. Als das Gewürz vor etwa 1000 Jahren in Europa bekannt wurde, war es eine echte Rarität. Die Händler machten mit jedem Gramm bis zu 300 Prozent Gewinn.

Zutaten

4 Eigelb
100 g Zucker
250 ml Rum
Muskat nach Geschmack
250 ml süße Sahne

Zubereitung

1 Die Eigelbe, den Zucker und das Muskat in einem Wasserbad aufschlagen und danach den Rum hinzufügen.

2 Anschließend die Sahne steif schlagen und leicht unterheben.

Servieren Sie das Getränk in vorgekühlten Gläsern, denn eiskalt schmeckt es am besten.

Wer es ganz ausgefallen mag, kann sich auch mit entsprechenden Eiswürfelformen Gläser aus Eis herstellen.

Heißer Bischof

Die friesische Antwort auf Glühwein mundet nicht nur kirchlichen Würdenträgern ganz vorzüglich.

Zutaten

4 kleine, bittere Pomeranzen
2 Flaschen Rotwein
1 Stange Zimt
1 geröstete Schwarzbrotrinde
Zucker nach Geschmack

Zubereitung

1 Die Pomeranzen mit einem Tuch abreiben, etwas einkerben und für 30 Minuten in den heißen Backofen legen. Anschließend wieder herausnehmen, noch einmal einkerben, in eine Terrine legen und mit dem Rotwein übergießen.

2 Den Zimt und die Brotrinde hinzufügen, das Ganze noch ein paar Stunden in den warmen Ofen stellen, dann knapp zum Kochen bringen. Anschließend durch ein Sieb seihen und nach Geschmack zuckern. Sind keine bitteren Pomeranzen zu bekommen, kann man stattdessen auch einen guten Schuss Pomeranzenlikör hinzufügen.

Die Mitra ist die traditionelle Kopfbedeckung der Bischöfe.

Bereits seit Mitte des 18. Jahrhunderts lässt man sich den Heißen Bischof schon schmecken. In Norddeutschland wurde der Punsch aus Pomeranzen, Rotwein und Zimt in speziellen Keramik-Gefäßen in Form einer Mitra gereicht. Die Pomeranze – eine Kreuzung aus Mandarine und Pampelmuse – gibt dem Getränk seine frisch-fruchtige Note.

Pharisäer

Das süße Heißgetränk mit Schuss ist ideal für Kaffeeliebhaber, denn dieser bildet die Grundlage dieses Rezeptes.

Zutaten

Würfelzucker
starker Kaffee
Rum
süße Sahne

Zubereitung

1 2–3 Stückchen Würfelzucker in einer Tasse mit starkem Kaffee auflösen.

2 Den Rum erwärmen und jeder Tasse einen Schuss hinzufügen.

3 Zum Schluss die Sahne steif schlagen und den gezuckerten Rumkaffee damit krönen.

Dieses Rezept entstand bereits vor vielen Jahren in Nordfriesland. Als die Insel Nordstrand damals einen neuen Pfarrer bekam, dauerte es nicht lange, bis er sich gegen den enormen Alkoholkonsum seiner Gemeinde aussprach. Als gute Worte nichts nutzten, griff er zu anderen Mitteln. Anstatt nach der nächsten Taufe nach Hause zu gehen, nahm er an den anschließenden Festlichkeiten teil. Dem Gastgeber blieb nichts anderes übrig als Kaffee statt Rum zu reichen. Weil das die Gäste nicht so richtig in Stimmung brachte, goss der listige Gastgeber in jede Tasse einen Schuss Rum – die des Pfarrers ausgenommen versteht sich. Um den Alkoholgeruch zu neutralisieren, gab es noch eine große Sahnehaube oben drauf. Aber der Schwindel sollte bald auffliegen. Der Gastgeber vertauschte versehentlich die Tassen. Daraufhin soll der Pfarrer seine Schäfchen als Heuchler und Pharisäer beschimpft haben.

Rp:
starker Kaffee
starker Rum
Würfelzucker
Schlagsahne
„Pharisäer"

Rumgrog

Der sogenannte Seefahrer-Rum ist eines der beliebtesten Heißgetränke in der Winterzeit, doch im Norden Deutschlands wird er das ganz Jahr über getrunken.

Zutaten pro Person

2 Stück Würfelzucker
4 cl Rum

Zubereitung

1 Wasser zum Kochen bringen und ein Grogglas zu zwei Dritteln damit füllen.

2 Den Würfelzucker hinzugeben und verrühren.

3 Dann mit dem zuvor erhitzten Rum auffüllen.

Vor dem Eingießen des Grogs kann man einen silbernen Löffel in die Gläser stellen, um die Hitze abzuleiten. Darüber hinaus lautet die goldene Regel für den Rumgrog: Zucker kann, Wasser darf, Rum muss!

Der Grog kam im 18. Jahrhundert in Marinekreisen in England auf. Das Getränk soll von Admiral Vernon seinen Namen haben. Wegen seiner Anzüge aus grobem Grogrammstoff gab man ihm den Spitznamen Old Grog. Zum Leidwesen seiner Mannschaft ließ der Admiral die Rumrationen immer mit Zuckerwasser verdünnen. Das wärmende und berauschende Getränk breitete sich schnell in allen Küstenländern Nordeuropas aus.

Teepunsch

Dieser beschwippste Ostfriesentee sorgt für Wärme, wenn der steife Nordwestwind bläst.

Zutaten pro Tasse

1 TL Ostfriesentee
1–2 Stückchen Kandis oder Würfelzucker
2 cl Rum, Arrak oder Köm

Zubereitung

1 Die Teekanne mit heißem Wasser ausspülen.

2 Pro Person einen gehäuften Teelöffel Tee in das Teesieb oder direkt in die Kanne geben.

3 Siedend heißes Wasser aufgießen und 5 Minuten ziehen lassen.

4 Zuerst den Kandis oder den Würfelzucker in die Tasse geben.

5 Dann den heißen Tee darübergießen.

6 Wenn der Kandis knisternd zersprungen ist, den Rum, Arrak oder Köm hinzugeben.

Servieren Sie doch einmal ein Stück ostfriesischen Butterkuchen (S. 128) zu diesem Punsch – eine köstliche Kombination.

Bei Köm handelt es sich um einen Aquavit (Kümmelschnaps). Die Norddeutschen trinken ihn entweder pur und eiskalt oder verwenden ihn wie in diesem Rezept als Grundlage für ihren Teepunsch.

Upgesetter Likör

Es geht doch nichts über selbstangesetzten Likör ...
möglichst mit Beeren frisch aus dem Garten.

Zutaten

1 kg rote oder schwarze Johannisbeeren
250 g Kandis
1 l Branntwein

Zubereitung

1 Die Früchte waschen, von den Rispen zupfen und in eine große Flasche geben. Den Kandis obenauf füllen, danach mit dem Branntwein übergießen und zukorken.

2 Die Flasche für 4 Wochen in ein sonniges Fenster stellen.

3 Danach abgießen, den nicht gelösten Kandis mit wenig Wasser aufkochen und nach dem Erkalten mit dem Likör mischen.

4 Danach für weitere 8 Tage in die Sonne stellen. Nun kann man den Likör genießen.

Eine gewöhnliche 0,7-Liter-Schnapsflasche kann auch mit Kirsch- oder Pflaumenkernen bis zum Hals gefüllt werden, dann gibt man Kandis hinzu, bis sie voll ist und füllt das Ganze mit hochprozentigem ostfriesischem Klarem auf. Die Flasche sollte anschließend auch 4 Wochen in einem sonnigen Fenster stehen. Nach dem Abgießen wird der Likör gekühlt serviert.

Register

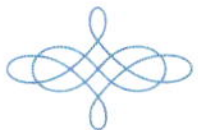

Dieses Buch des Autors Frank Gerhard ist ursprünglich in der erfolgreichen Buchreihe „Kulinarische Streifzüge" der Sigloch Edition erschienen, wurde von uns aktualisiert und damit zu neuem Leben erweckt.

Genehmigte Lizenzausgabe
tosa GmbH
Industriestraße 19
64407 Fränkisch-Crumbach 2019
www.tosa-verlag.de

Projektleitung:
Sonja Sammüller
Layout, Satz und Umschlaggestaltung:
design cat GmbH

ISBN 978-3-86313-842-4

Bildnachweis
Shutterstock: 360b 16; Ad Oculos 116; Africa Studio 86; Agent Penguin 68; aijaphoto 156; AjayTvm 68; Aleks Gudenko 24; AlenKadr 88; alexandre zveiger 17; Anatolii Riepin 32; anahtiris 36; andrea lehmkuhl 134; Anna Anatol 29; Anton Chernov 98; arda savasciogullari 21; Atelier M 46; Avelina 102; Belenos 92; Bildagentur Zoonar GmbH 78; Bjoern Deutschmann 144; bonchan 114; bondart 132; Brent Hofacker 29, 106; canadastock 4, 18, 30; casanisa 112; ChiccoDodiFC 122; Christian Jung 118; Copula 80; Corepics VOF 68; Diana Minasipova 142; Elena Demyanko 84; elbud 146; Everett Collection 21; Everett Historical 96; Galiyah Assan 42; gg-foto 22; givaga 48; Grekov's 144; helfei 154; HandmadePictures 100; Heide Pinkall 24; Heike Rau 138; hans.slegers 148; HQuality 104; hlphoto 40; Irishasel 140; izzzy71 66; Ildi Papp 38; iravgustin 126; iMoved Studio 124; j.chizhe 58; Jan Danek jdm.foto 156; Johan from Friesland 12; Katerina Maksymenko 74; kryzhov 132; LaMiaFotografia 14; LeManna 142; lenetstan 60; margouillat photo 50; Marc Venema 25; Maksimilian 20; meanmachine77 17; majaan 17; Marc Venema 26; Markus Wissmann 16; Morphart Creation 152; mama_mia 136; Malykalexa 134; margouillat photo 126; MaraZe 98, 116; MM.Wildlifephotos 94; Michael Nikitin 82; M. Schuppich 82; Madaland2 54; NV77 102; Naia 8; nnattalli 148; Oliver Hoffmann 5, 25; Oksana Mizina 28; Ondra Vacek 110; Ostranitsa Stanislav 98; Pawel Kazmierczak 5, 6, 10, 90; posteriori 146; primopiano 5, 36, 38, 44, 46, 48, 50, 52, 54, 58, 60, 62, 64, 66, 72, 74, 76, 78, 84, 86, 88, 92, 94, 96, 100, 104, 106, 108, 110, 112, 114, 118, 120, 122, 128, 138, 148, 150, 152, 154, 156; pornpan chaiu-dom 52; Rini Slok 4, 13; Ryco Montefont 68; Rudmer Zwerver 5, 34; ruzanna 12; Sarah Biesinger 120; stockcreations 140; Svetocheck 8; stockcreations 76; Seregam 8; sarsmis 28; Shawn Hempel 62; stockcreations 128; txking 13; Tati Nova photo Mexico 28; Tono Balaguer 150; TwilightArtPictures 90; travelpeter 64; Ulada 108; Vaclav Mach 100; Vitalinka 13; Viktor1 32; Wut_Moppie 34; Yulia Furman 44; ziashusha 80; zcw 72

design cat GmbH, SIGLOCH EDITION: 35, 37, 39, 41, 43, 45, 47, 49, 51, 53, 55, 57, 59, 61, 63, 65, 67, 69, 71, 73, 75, 77, 79, 81, 83, 85, 87, 89, 91, 93, 95, 97, 99, 101, 103, 105, 107, 109, 111, 113, 115, 117, 119, 121, 123, 125, 127, 129, 131, 133, 135, 137, 139, 141, 143, 145, 147, 149, 151, 153, 155, 157